I0067683

INVENTAIRE
F 40218

FACULTÉ DE DROIT DE POITIERS

DE LA COMPLICITÉ

EN DROIT ROMAIN ET EN DROIT FRANÇAIS.

THÈSE

PRÉSENTÉE A LA FACULTÉ DE DROIT DE POITIERS

POUR OBTENIR LE GRADE DE DOCTEUR

Et soutenue le 29 novembre 1872, à 5 heures du soir

DANS LA SALLE DES ACTES PUBLICS DE LA FACULTÉ

PAR

Marcel MONNIER

Avocat à la Cour de Poitiers

POITIERS

IMPRIMERIE DE A. DUPRÉ

RUE NATIONALE

1872

D POTTEGAL
Vienne
2° 71
1877

FACULTÉ DE DROIT DE POITIERS.

DE LA COMPLICITÉ

EN DROIT ROMAIN ET EN DROIT FRANÇAIS.

THÈSE

PRÉSENTÉE A LA FACULTÉ DE DROIT DE POITIERS

POUR OBTENIR LE GRADE DE DOCTEUR

Et soutenue le 20 novembre 1872, à 3 heures du soir,

DANS LA SALLE DES ACTES PUBLICS DE LA FACULTÉ

PAR

Marcel MORNIER

Avocat à la Cour de Poitiers.

POITIERS

IMPRIMERIE DE A. DUPRÉ

RUE NATIONALE

1872

(C.)

FACULTÉ DE DROIT DE POITIERS.

MM. LEPETIT ✸, *doyen, professeur de droit commercial.*
BOURBEAU, C. ✸, *doyen honoraire, professeur de procédure civile et de législation criminelle.*
RAGON ✶, *professeur de droit romain.*
MARTIAL PERVINQUIÈRE, *professeur de droit romain.*
DUCROCQ, *professeur de droit administratif.*
ARNAULT DE LA MÉNARDIÈRE, *professeur de Code civil.*
LECOURTOIS, *professeur de Code civil.*
THÉZARD, *professeur de Code civil.*
LE COQ, *agrégé, chargé d'un cours de droit pénal.*
NORMAND, *agrégé.*

M. ABNAUD, *secrétaire agent comptable.*

COMMISSION.

PRÉSIDENT,	M. LEPETIT, ✸, doyen.	
SUFFRAGANTS,	M. MARTIAL PERVINQUIÈRE, M. DE LA MÉNARDIÈRE, M. LECOURTOIS,	Professeurs.
	M. NORMAND.	Agrégé.

A MON PÈRE ET A MA MÈRE

Hommage de piété filiale et de reconnaissante affection

———

A MA FAMILLE

A CEUX QUE J'AIME

INTRODUCTION.

Parmi les théories qu'embrasse la science du droit pénal, il en est une qui a eu le privilége de passionner les publicistes et les écrivains les plus éminents : c'est la théorie de la complicité, matière délicate autant qu'intéressante, digne des réflexions et des méditations du philosophe non moins que du légiste ; étude dont l'utilité pratique ne le cède en rien à l'intérêt théorique.

Quand on consulte les ouvrages des jurisconsultes au chapitre de la complicité, on voit que les criminalistes sont divisés sur ce point en deux camps bien distincts : les partisans de la doctrine *de l'assimilation*, et les partisans de la doctrine de *la distinction* : les premiers, observateurs religieux de la tradition, se laissant guider par les errements du passé, invoquent les arrêts de nos ancêtres, et suivent scrupuleusement les principes constants de notre ancien droit; les seconds, novateurs plus hardis, rejetant bien loin derrière eux ces restes respectables, mais surannés, d'idées qui sont tombées, d'un état social

1

qui a disparu, n'écoutent que la voix de la raison et le cri de l'humanité; ils ont fondé la science rationnelle du droit pénal, et montré la route que doit suivre de nos jours toute nation sage et civilisée.

En face de ces deux théories opposées, nous ne saurions donc hésiter un instant dans le choix qu'il convient de faire; c'est le système de la distinction qui doit évidemment l'emporter; car lui seul est rationnel, lui seul est équitable.

Quoi qu'il en soit, dans les temps barbares, à l'époque féodale, sous la monarchie de nos anciens rois, et même de nos jours, après tant d'améliorations apportées dans nos lois criminelles, la France a suivi et suit encore le principe injuste de l'assimilation.

En cela, notre pays n'a pas imité l'exemple salutaire donné par les plus puissantes nations de l'Europe, telles que la Prusse, l'Autriche, l'Italie, la Belgique, qui toutes se sont efforcées plus ou moins de calquer leur législation, en matière de complicité, sur les principes enseignés par la science rationnelle.

Les exigences de l'ordre public, il ne faut jamais l'oublier, ont une limite que l'on ne saurait dépasser : le juste; au delà, le droit de punir a cessé d'exister.

Utilité, justice : telles sont les deux bases inséparables sur lesquelles reposent les lois pénales. Or, voici qu'en France la doctrine consacrée par une antique tradition punit de la même peine, sans utilité sociale, et les complices et les auteurs, les agents secondaires, et les agents principaux! En vérité, la société a-t-elle bien ce droit? Nous le contestons. Préten-

drait-on que la sécurité de l'État exige impérieusement l'égalité de châtiment pour les uns et pour les
autres ? Certes, l'injustice d'une pareille prétention
nous paraît trop manifeste pour qu'il soit nécessaire
de la démontrer ici ; l'iniquité du système que nous
repoussons est flagrante, palpable.

La loi française, nous le dirons quoique à regret,
est donc fort en retard sur les Codes des peuples voi-
sins, en ce qui concerne la matière qui nous occupe,
et cela, pour avoir négligé totalement les enseigne-
ments de la science philosophique.

Aussi croyons-nous que, dans notre étude, l'examen
des principes purement rationnels doit occuper une
large place, sinon la place la plus importante ; c'est
dans cette pensée que nous allons commencer ce travail par l'exposé des principes de la complicité au
point de vue de la science rationnelle du droit pénal.

CHAPITRE PREMIER.

De la complicité au point de vue de la science rationnelle.

La complicité n'est autre chose que l'existence d'un lien qui unit plusieurs agents dans un même délit, et qui doit les unir aussi dans le châtiment. Les complices ne sont autres que tous les agents ainsi liés dans un même délit et devant être liés dans la peine. Telle est la signification véritable de ces mots pris dans toute leur étendue, conformément à leur origine philologique. Dans l'usage, et par abus, le mot de complice est employé dans un sens plus étroit, qui a fait presque oublier l'idée générale. Cette idée générale se trouve parfaitement exprimée dans les expressions primitives qui forment la source du mot complicité, qui en constituent l'origine grammaticale.

Le mot *complicité* vient de l'expression latine *cum-plexus*, qui signifie *lié avec;* de plus, par une de ces mystérieuses rencontres dont la formation des langues nous offre plus d'un exemple, le même verbe *plectere*, qui signifie lier, signifie aussi frapper, punir : *cumplexus* (complice), c'est à la fois *lié avec* et *puni avec;* lié dans le délit et lié dans le châtiment.

Dans la racine grecque, les deux mots, quoique analogues, ne sont pas identiques : πλέκω pour l'action de lier, *πλέσσω* pour celle de frapper, punir. L'un et l'autre se trouvent réunis en latin avec ce double sens, dans le même verbe *plecto, plectere;* mais l'idée qui en dérive, *complicité,* ne s'exprime encore que par quelque périphrase, telle que celle de *criminis societas* employée par Cicéron. C'est dans les langues modernes que ce dernier mot se forme sur la racine des Latins : *complicità* en italien, *complicidad* en espagnol, *cumplicilade* en portugais, *accomplice* en anglais, seulement pour l'adjectif, le substantif abstrait *complicité* n'y existant pas. Dans la dérivation germanique la racine est différente, mais le procédé de formation est le même : *mit-schuldig* ou *mit-schuldige* (coupable avec), pour complice en général; *mit-schuld,* pour complicité; *medvidenhed,* complicité, en danois, *medvidende,* complice; en suédois, *medverkan,* complicité, *medverkande,* complice.

Les caractères essentiels de la complicité sont l'unité de délit et la pluralité d'agents responsables. Le problème pénal est de mesurer quelle est la part de responsabilité qui revient à chacun de ces agents.

On peut dire, suivant une image empruntée au savant M. Ortolan, qu'ici le délit est un drame auquel concourent plusieurs acteurs. De même que dans les drames qui se jouent sur la scène théâtrale, chacun de ces acteurs a son rôle ; mais tous les rôles ne sont pas de même importance : les uns sont principaux, d'autres sont accessoires ; entre ceux-ci existent encore de nombreuses inégalités, et, quoique tous servent à marcher vers le même dénoûment, il serait injuste de les placer tous indifféremment sous le même niveau. De même que les drames de la scène, le délit parcourt dans ses péripéties des phases diverses, et peut se diviser en plusieurs actes dont la donnée générale est celle-ci : premier acte, résolution arrêtée du délit ; second acte, préparation ; troisième acte, exécution jusqu'au délit consommé. Or, comme il peut y avoir dans un drame des acteurs qui figurent dans tous les actes, tandis que d'autres n'apparaissent que dans un seul ou dans quelques-uns, de même il peut y avoir dans un délit des agents qui prennent part et à la résolution, et à la préparation, et à l'exécution, tandis que d'autres auront coopéré seulement à l'une ou à l'autre de ces phases diverses du délit. Tous sont néanmoins des acteurs du même délit ; il s'agit d'apprécier l'importance du rôle que chacun y a joué (1).

Un acte coupable peut n'être pas l'œuvre d'une seule personne ; souvent une association se forme, un complot collectif se trame, un concours s'établit pour réaliser un plan criminel, et, parmi ces participations distinctes, l'observateur attentif saisit des nuances nombreuses de responsabilité, des degrés multiples de culpabilité. Au milieu de ces coupables, il aperçoit d'énormes différences morales : les uns, plus audacieux que leurs associés, ont occupé les postes les plus périlleux ; ils ont frappé eux-mêmes la victime, ils ont trempé leurs mains dans le sang ; ce sont les auteurs mêmes du crime, ce sont les exécuteurs. D'autres, plus timides, n'ont pris part qu'indirectement à la consommation du drame ; ils ont fourni les armes, les instruments ; ils ont fait le guet, ils ont veillé à la sûreté de la compagnie ; d'autres, plus timides encore,

(1) Urtolan, *Théorie du droit pénal.*

ou même entraînés par une passion aveugle et irréfléchie, ont conseillé le crime, exhorté les exécuteurs, les ont poussés par leurs paroles et leurs discours, mais n'ont point exécuté eux-mêmes l'acte criminel : leur rôle a été purement moral, purement intellectuel.

Tous ces agents qui ont rempli des rôles si différents, si distincts, ne sont point assurément coupables au même degré : il faut donc faire une distinction. Mais sur quelle base s'appuyer pour poser des degrés, pour établir des divisions entre les participants à un même crime ou à un même délit ? Là est la difficulté.

La science rationnelle, cherchant à déterminer la part de responsabilité qui revient à chacun des agents moraux ou intellectuels qui ont participé au délit (nous entendons ce mot dans un sens général, embrassant les crimes et les délits), les comprend tous sous la même dénomination de complices ; mais, parmi ces complices, elle s'efforce d'établir des distinctions générales qui, s'appliquant à tous les cas, indiquent au juge dans quelles limites peut s'exercer son appréciation particulière du fait qui lui est soumis.

Les principes de l'imputabilité qui lui servent de guide conduisent à distinguer parmi les différents agents ceux dont on peut dire qu'ils sont la cause première, la cause principale et génératrice du délit même, et ceux qui n'ont fait que fournir un secours accessoire, capable non de produire l'acte même constitutif du délit, mais seulement d'aider à son accomplissement.

L'auteur, cause première, génératrice et principale du délit même, est évidemment celui qui, ayant conçu le crime, a en outre exécuté lui-même, de son propre mouvement, la résolution qu'il avait arrêtée dans son âme. Cette détermination de l'auteur principal, lorsque la résolution et l'exécution sont l'œuvre du même homme, ne saurait donner lieu à difficultés.

Mais les rôles peuvent se trouver divisés : l'un des complices peut avoir conçu sans avoir exécuté, l'autre avoir exécuté sans avoir conçu le premier la résolution criminelle.

Il est donc possible que la résolution et l'exécution soient respectivement l'œuvre de deux agents distincts. Quel sera alors le caractère de l'un et de l'autre ? A chacun nous attribuerons la qualité d'auteur : à leur association nous donnerons la dénomination de complicité de coauteurs. Avant tout, la cause première d'un délit se trouve dans l'acte moral de la conception, de la méditation, de la résolution. Quand le délit a été conçu, arrêté, résolu, il ne lui manque plus qu'un instrument pour l'exécution ; cet instrument trouvé, tous les éléments constitutifs de la responsabilité pénale sont rassemblés. Qu'importe si l'auteur de la résolution criminelle s'est servi de son bras pour accomplir lui-même le crime, ou s'il s'est servi du bras d'un autre pour le consommer ! L'agent du crime, est-ce celui qui tue, qui incendie de ses propres mains ? n'est-ce pas plutôt la volonté libre et intelligente qui dirige le bras de l'assassin ou la main de l'incendiaire ? L'agent du délit, la cause première du délit, c'est l'activité qui, libre, intelligente, a fait de l'exécuteur son instrument docile et soumis. L'auteur de la résolution est donc l'auteur du crime : on l'appelle *auteur intellectuel.*

Quant à l'exécuteur, agissant librement, avec connaissance de cause, répondant volontairement à la demande qui lui est faite, lui aussi il réunit les conditions de l'imputabilité. De même que l'auteur intellectuel, il est une activité intelligente, jouissant de sa liberté et, par suite, responsable. Il est assurément cause génératrice du crime dans l'acte moral de délibération, de compréhension, de résolution; de plus, il est cause principale en accomplissant lui-même de ses propres mains l'acte coupable qui a troublé l'ordre social; comme tel, il est auteur du crime ou du délit : on l'appelle *auteur matériel*.

Nous avons dit plus haut que la complicité avait pour caractères essentiels l'unité de délit et la pluralité d'agents responsables. Pour qu'il y ait complicité, il faut donc une participation coupable à un acte également coupable. Or, quand est-ce que la participation est coupable? lorsque la volonté et l'exécution émanées de personnes différentes sont unies entre elles *par une relation de cause à effet*; mais la volonté seule, si criminelle, si immorale qu'on puisse la supposer, ne saurait être l'objet de poursuites, lorsqu'elle ne s'est point manifestée à l'extérieur par un effet préjudiciable. La criminalité purement subjective, qui n'a produit aucun effet, ne tombe point sous le coup des lois humaines; la volonté de commettre un crime sans l'exécution, l'exécution sans la volonté, ne peuvent séparément constituer un acte punissable; réunies, elles constituent la criminalité objective, que la société a le droit et le devoir de réprimer; tandis que la criminalité subjective pure ne peut jamais être atteinte, parce que le droit de punir repose sur deux bases nécessaires, le juste et l'utile ; or cette seconde condition ferait défaut pour la répression de la criminalité qui ne s'est point manifestée par des actes extérieurs.

La coexistence d'un auteur intellectuel et d'un auteur matériel est possible ; mais si l'un de ces deux agents, par suite de son âge, de sa faiblesse d'esprit ou à raison de violences dont il aurait été victime, ou enfin pour tout autre motif, ne remplissait point les deux conditions essentielles de la responsabilité, c'est-à-dire l'intelligence et la liberté, il n'y aurait pas deux auteurs ; un seul coupable, un seul auteur existerait et serait responsable du crime tout entier ; celui-là seul serait criminel et punissable qui, se servant de son associé comme d'un instrument passif et aveugle, l'aurait employé à la consommation du crime.

Nous allons maintenant essayer de définir, de formuler les rôles respectifs de l'auteur intellectuel et de l'auteur matériel.

Le rôle de l'auteur intellectuel ne se borne pas à un simple désir de voir la réalisation du crime ou délit : il ne se borne même pas à une participation des plus actives dans les débats préparatoires ; l'auteur intellectuel fait plus : il se met en relation, en rapport avec l'auteur matériel par certains modes d'instigation qui ont été traduits sous les formes les plus diverses par les criminalistes.

L'ordre, le conseil, le mandat, sont les principales formes sous lesquelles se produisent ces rapports : tous les criminalistes s'y sont arrêtés. Mais est-il bien possible de préciser et d'énumérer toutes les formes sous lesquelles ces rapports se manifestent ? nous ne le croyons pas. Vouloir faire une énumération précise, c'est risquer de commettre des oublis, et c'est aussi introduire une très-grande confusion dans la matière. Nous estimons qu'il vaut mieux recourir à une formule générale embrassant tous les cas possibles, et qui laisse de côté ces divisions arbitraires que l'on trouve dans tous les commentaires relatifs au sujet qui nous occupe. Aussi nous résumerons par une formule le rôle de l'auteur intellectuel en disant : — L'agent moral a dû exercer sur l'auteur matériel quelque action déterminante et décisive, sous l'influence de laquelle l'exécuteur a adopté la résolution et l'a réalisée. — Que cette action déterminante soit un ordre, un mandat, un conseil, n'importe ; que cette action déterminante provienne de la violence, de l'erreur, des dons ou des promesses, n'importe encore : il suffit qu'elle se soit traduite en un mobile déterminant émané de l'auteur intellectuel, et ajoutant à la criminalité subjective la condition essentielle de produire un effet.

Remarquons que la pression exercée par l'auteur intellectuel ne doit pas dépasser les limites d'une influence ; car, si elle devenait assez puissante pour détruire le libre arbitre de l'exécuteur, celui-ci ne serait plus responsable, puisqu'il ne serait pas libre, et nous savons que la liberté est une des conditions essentielles de l'imputabilité.

Le rôle d'auteur matériel peut aussi se résumer, et plus facilement encore, en une formule très-simple : tout acte tellement nécessaire à la perpétration du délit, que, s'il n'avait pas eu lieu, rien certainement n'aurait été fait, est un acte d'auteur.

La complicité des actes que doivent accomplir les

auteurs, tant intellectuels que matériels, laisse enfin place à une division de leurs rôles respectifs, et peut donner naissance à deux séries de coauteurs, les uns intellectuels, les autres matériels.

L'auteur matériel est donc l'homme qui, dans l'association criminelle, a librement, volontairement exécuté les actes matériels destinés à produire par eux-mêmes et directement l'effet préjudiciable de délit; c'est l'homme sans lequel rien certainement n'eût été fait.

A côté de l'auteur, et au-dessous de lui dans l'échelle de la culpabilité, nous rencontrons l'auxiliaire. Celui-ci a joué un rôle secondaire, un rôle accessoire, sans lequel le délit aurait toujours pu s'accomplir; l'absence de l'auxiliaire n'aurait pas empêché la consommation du crime; auxiliaire moral ou auxiliaire physique, nous voyons cet agent secondaire procurer quelque moyen qui facilite l'accomplissement de l'acte, moyen dont l'auteur principal aurait pu, en définitive, se passer; moyen qui, sans doute, n'a pas été sans quelque influence, mais qui n'est point la cause directe du crime ou du délit.

Pour définir l'auxiliaire, nous aurons encore recours à une formule; nous dirons: c'est tout complice qui n'est pas un auteur. Des exemples ne pourraient que mettre la confusion dans cet exposé; du reste, c'est au juge de rechercher, dans les circonstances des espèces qui se présentent devant lui, les faits particuliers capables d'éclairer sa religion.

Il convient de poser ici une règle générale qui s'applique aussi bien aux auteurs qu'aux auxiliaires: c'est que tout acte, pour être déclaré acte de complicité, doit avoir été fait sciemment, en connaissance de cause, avec connaissance du projet criminel auquel on participait par cet acte.

Nous répétons pour les auxiliaires le principe que nous avons appliqué aux auteurs : c'est que les actes purement moraux ne sont punissables qu'autant qu'ils ont produit un effet réel ; pour qu'il y ait complicité, il faut qu'un lien, qu'un rapport unisse l'auxiliaire intellectuel aux autres agents.

Telles sont les décisions et distinctions que la science rationnelle du droit pénal a établies parmi les différents agents d'un même délit. Quelle pénalité devra frapper chacun de ces agents ? le problème est facile à résoudre.

Aux auteurs tant intellectuels que matériels, nous appliquerons la peine du délit ; car ces agents ont été les causes directes et déterminantes. Tous les coauteurs sont coupables au même degré : c'est donc la même peine qui devra les atteindre tous, à moins que quelque circonstance ne vienne modifier leur responsabilité respective. Dans ce dernier cas, on devra, tout naturellement, sévir avec moins de rigueur contre les coauteurs moins responsables que certains autres membres de l'association.

Aux complices n'ayant figuré dans le délit que comme auxiliaires, et par conséquent avec une moindre responsabilité que les coauteurs, on appliquera encore la peine du délit, mais toujours avec un abaissement proportionnel à cette différence constante dans leur compte criminel. Une loi bien faite laissera sur ce point une grande latitude au juge, pour qu'il puisse tenir compte des différences profondes qui existent d'un délit à un autre, et pour lui permettre aussi, lorsqu'il aura à peser la culpabilité de plusieurs complices, d'infliger à chacun une peine proportionnée à sa responsabilité personnelle. *Mais dans la fixation du maximum, elle aura toujours grand soin de s'arrêter à un degré inférieur à celui du maximum de la peine infligée à l'auteur principal.*

Voilà le système simple, mais sûr, auquel nous ont conduit les principes de l'imputabilité : à chacun selon ses œuvres, appréciées suivant leur valeur morale et leur importance matérielle.

La marche que nous avons suivie nous semble rationnelle et équitable. Il nous reste à faire l'application de notre système, ainsi établi, dans certaines hypothèses intéressantes et délicates qui ont vivement excité la méditation des criminalistes.

Dans la pratique, il arrive souvent que certains faits sont particuliers à quelques complices, que certaines circonstances spéciales viennent modifier leur responsabilité. Quelle sera la conséquence pour les autres de ces faits et de ces circonstances ? Quand c'est *l'auteur matériel* qui se repent et, par suite, s'abstient d'exécuter, il n'y a de responsabilité pénale ni pour les agents qui devaient jouer le rôle de coauteurs matériels, ni pour les auteurs intellectuels ou les complices ordinaires : il y a eu, en effet, un simple *projet* qui n'a pas été exécuté ; il y a eu une criminalité purement subjective, un projet non suivi d'exécution. Tous les associés, en pareil cas, sont affranchis de toute responsabilité pénale par le fait du repentir de l'auteur matériel. Mais un nouveau problème apparaît lorsque nous nous trouvons en présence d'un auteur intellectuel se repentant, et d'un auteur matériel exécutant le crime projeté.

Une distinction devient alors nécessaire : l'auteur intellectuel a-t-il manifesté son repentir à l'exécuteur antérieurement à l'exécution du crime, il doit être absous, parce que cette expression de sa volonté nouvelle a rompu le lien qui existait entre lui et l'auteur matériel ; ce dernier seul est désormais responsable du crime, s'il le commet en connaissance de cause. L'auteur intellectuel n'a-t-il point, au contraire, manifesté de repentir antérieurement à l'exécution, il demeure complice du crime : il est toujours auteur intellectuel ; car l'auteur matériel, déterminé par ses instigations, a compté sur son assistance, sur sa solidarité, et a certainement agi sous son influence ; dès lors, tous deux sont responsables au même degré, tous deux sont coauteurs.

Si, par suite d'un hasard, d'une circonstance accidentelle, le délit venait à manquer et se convertissait en un acte de tentative, il est évident que la peine de la tentative ou du délit manqué devrait seule être appliquée aux auteurs et aux complices, suivant la culpabilité respective de chacun.

Nous passons à une autre question fort grave, et qui a donné lieu à de vives discussions.

Tous les associés ont persévéré dans leur intention première, et le crime a été exécuté dans toutes les conditions constitutives de la complicité ; mais il se trouve que certaines circonstances, aggravantes ou atténuantes, sont particulières à l'un des complices : quelle sera l'influence sur les autres complices de ces aggravations ou de ces atténuations ? On divise ces circonstances, soit atténuantes, soit aggravantes, en deux classes : les unes affectent la culpabilité personnelle de l'un des agents ; les autres affectent la criminalité de l'acte lui-même, au point de transformer quelquefois un délit en un autre.

Les circonstances qui affectent la culpabilité personnelle de l'un des agents sont, par exemple, la récidive, l'âge, ou des actes émanés de l'agent seul, postérieurs à l'accomplissement du délit, et, en général, toutes celles qui sont abandonnées à la sagesse du juge pour mesurer la culpabilité individuelle de chacun des agents. Au point de vue de la science rationnelle, ce sont là des circonstances tout à fait personnelles à leur sujet, qui ne peuvent s'étendre aux autres complices, coupables seulement de ce dont ils sont responsables.

Mais quand les circonstances aggravantes sont inhérentes au fait lui-même, à l'exécution elle-même, doit-on faire supporter à l'auteur intellectuel les conséquences d'actes qu'il n'avait point conseillés, qu'il n'avait pas prévus, et dont la gravité l'aurait peut-être détourné et effrayé, s'il avait pu les soupçonner ? Ainsi, c'est un mandant qui avait donné pour mission au mandataire de frapper une personne, mais de ne lui faire que des blessures. Ce mandataire a outrepassé son mandat ; il a tué la personne qui lui avait été désignée. Faut-il rendre le mandant responsable d'un assassinat, alors qu'il avait donné mandat de faire des blessures incapables d'amener la mort de la personne frappée ? L'examen des différents systèmes proposés sur ce point nous entraînerait trop loin ; nous croyons, quant à nous, qu'il convient de poser cette règle géné-

rale : si l'auteur intellectuel n'a voulu le délit qu'à
la condition formelle que la circonstance aggravante
ne se produirait pas, ou s'il n'a pu dès le début en
prévoir la possibilité ou la nécessité pour le succès de
son projet criminel, alors seulement il ne devra point
souffrir de ces aggravations.

Quant aux complices autres que l'auteur intellectuel, ils doivent, sans aucun doute, être déclarés responsables des aggravations tenant aux modalités de
l'acte lui-même. En participant sciemment à l'exécution
d'un fait condamnable, ils ont accepté par là même la
responsabilité entière de leur complicité dans ce fait
tel qu'il se comporterait, et avec les modalités qui pourraient l'affecter dans la suite. Mais les causes aggravantes qui découlent d'une qualité personnelle à l'agent
doivent, d'après la nature même des choses et suivant
les principes de la raison, être essentiellement personnelles au sujet chez lequel on les rencontre, et ne jamais
s'étendre à une personne autre que le coupable, auquel
cette qualité est propre et personnelle. De là cette conséquence, que, si le complice d'un parricide est plus
coupable que le complice d'un assassinat ordinaire, il
ne tue cependant pas son père, et, par suite, ne commet
point un parricide aux yeux de la science rationnelle.

Des circonstances aggravantes, nous passons aux
excuses. Quelle sera l'influence de ces causes d'atténuation qui existent du chef de l'un des complices?

Certaines excuses modifient la culpabilité personnelle de l'agent; d'autres modifient la criminalité
pénale du fait. Les premières ne profitent qu'à la
personne en laquelle nous la trouvons : les secondes
profitent à tous les complices.

L'acquittement· de la ·personne poursuivie comme auteur principal , ou sa fuite, ou son prédécès, n'empêchent point, en principe, la condamnation du complice ; car il ne résulte nullement de ces circonstances que celui-ci ne soit point complice d'un auteur principal autre que celui qui était poursuivi tout d'abord, si le délit est d'ailleurs certain.

Mais si le fait est déclaré ne pas exister, aucune condamnation ne peut intervenir, car il n'y a point de complicité sans délit, de même qu'il n'y a point de criminel sans crime.

Il nous reste à parler des faits criminels qui s'accomplissent *postérieurement* à la consommation du délit. Au point de vue de la science philosophique, de pareils faits ne sauraient constituer des actes de complicité, car la complicité suppose essentiellement unité de délit, et le lien qui unit ces actes postérieurs à des actes passés, accomplis, ne peut être un lien de complicité. On ne conçoit pas qu'on puisse participer à un crime qui est consommé : « Un homme, a dit l'illustre Rossi, un homme puni comme complice de meurtre parce qu'il en est informé ! complice de meurtre parce que, dans sa cupidité , il profite d'un crime qu'il n'est plus en son pouvoir d'empêcher ni de défaire ! La fiction est forte , surtout lorsqu'on veut s'en servir pour envoyer un homme à l'échafaud !... »

Les actes postérieurs à l'accomplissement d'un crime peuvent être des actes purement moraux ou des actes matériels.

Au nombre des premiers, on a placé l'approbation donnée au crime et sa ratification. Les jurisconsultes ont beaucoup disserté à ce sujet ; ils étaient dominés par cet axiome de la loi romaine : *In maleficio ratihabitio mandato comparatur;* d'où l'on déduisait la conséquence que la ratification était un acte de complicité, comme l'ordre et le mandat. Quelques-uns, cependant, ont limité l'application de cette règle au seul cas où le crime avait été commis par l'ordre ou d'après la commission de celui qui ratifiait. M. Rossi et M. Carmignagni ont établi la vraie doctrine. Sui·vant eux, la loi romaine ne s'appliquait évidemment qu'aux intérêts civils, qu'à l'action en dédommagement au profit de la partie lésée; mais, transportée hors de ces limites, la règle qu'elle pose serait d'une injustice évidente. Si la ratification ou l'approbation était accompagnée d'une récompense accordée au coupable, si elle contenait la preuve d'un ordre ou d'un mandat précédent donné pour commettre le crime, elle serait certainement punissable ; mais, considéré en soi-même, cet acte ne peut constituer un acte de complicité, car, quoique très-immoral, il est étranger à la résolution et à l'exécution du crime. Enfin, on peut approuver un fait irrévocable, on peut en profiter, et, toutefois, on eût reculé peut-être devant l'idée de commettre ce fait au moment de son exécution.

Les faits postérieurs au crime peuvent aussi être des faits matériels, tels que le recel des objets volés ou des instruments du crime, la soustraction de l'auteur aux recherches de la justice. Mais ces faits, pas plus que la ratification, ne remplissent les conditions exigées pour qu'il y ait complicité, si l'on suppose qu'aucune promesse antérieure n'a assuré l'exécution du crime. Leur origine morale, comme leur manifestation physique, étant postérieure à l'acte cri-

minel, il est impossible de trouver un lien de complicité qui les rattache à l'exécution du crime lui-même ;
leur criminalité est, d'ailleurs, extrêmement différente
de celle du délit, et le but que se proposaient leurs
auteurs est toujours différent de celui des auteurs du
crime. Il serait absurde de dire que ces actes, qui sont
postérieurs au délit, ont été accomplis dans l'intention
de le commettre ou d'en assurer l'exécution. Or, la
communauté dans l'intention, comme l'unité dans
l'acte, est essentielle à l'association de complicité. Par
conséquent, ces faits matériels, accomplis postérieurement et quand tout est fini, ne sont pas constitutifs
de la complicité, en tant qu'on les considère avec les
seules lumières de la raison. Cependant de tels actes
ne doivent pas être confondus avec les actes simplement moraux ; car ils constituent une culpabilité objective qui s'est manifestée à l'extérieur, et a causé un
préjudice réel à l'ordre social ; ils devront donc être
punis, à la différence des actes purement intellectuels ;
seulement ils constitueront un délit spécial, distinct,
pour lequel une pénalité particulière devra être édictée.

Tels sont les principes que nous enseigne la science
philosophique.

Après avoir examiné la matière de la complicité au
point de vue purement rationnel, nous allons l'étudier
au point de vue positif, en parcourant la législation
romaine, notre ancien droit français et notre droit
actuel.

DROIT ROMAIN.

—

CHAPITRE II.

De la complicité en droit romain.

A Rome, le droit pénal provenait des mêmes sources que le droit civil. Les nombreux commentaires des jurisconsultes investis du *jus respondendi* avaient leur autorité comme les lois votées par le peuple et comme les autres dispositions émanées des autorités compétentes. Par suite, dans le cours de cette étude sur le droit pénal, nous retrouverons l'esprit méthodique des doctrines relatives au droit civil; en outre, à raison de la nature des matières qui ressortent principalement du sens moral et sur lesquelles peu de principes ont été formulés par les législateurs, nous verrons les jurisconsultes aux prises avec la raison naturelle elle-même, et l'examen de leurs décisions n'en deviendra que plus intéressant.

Nous avons groupé en trois chapitres l'exposition de la théorie romaine sur la complicité. Le premier traite de la complicité réelle, c'est-à-dire des faits qui, remplissant par eux-mêmes les conditions constitutives de l'association criminelle, sont définis et compris sous des formules générales dont l'application est abandonnée au juge. Le second chapitre, relatif à la complicité fictive, étudie les faits spécialement désignés par la loi comme suspects de complicité ; c'est un système propre aux Romains et qui ne se retrouve plus dans la législation actuelle. Enfin, sous le nom de complicité spéciale, nous caractériserons les faits de recel qui, postérieurs à l'accomplissement du crime, ne peuvent pas lui être connexes, mais qui, par une erreur commune à bien des législateurs, ont été classés, en droit romain, parmi les faits de complicité.

Nous compléterons cet exposé en montrant quelles étaient, à Rome, les conséquences pénales des différents modes de complicité que nous allons examiner.

§ Ier.

COMPLICITÉ RÉELLE.

Les jurisconsultes romains ont étudié la complicité réelle sous les formes du conseil, de l'ordre, du mandat et de l'assistance matérielle. Cette division arbitraire s'explique facilement, si l'on songe à ces préoccupations du droit civil qui dominaient chez ces jurisconsultes, et si l'on songe aussi à cet esprit de système qui avait la prétention de tout classer, de tout dénommer ; aussi cette division des différents modes de complicité réelle, qui a été reproduite par tous les criminalistes de notre ancien droit français à la suite du droit romain, quoique arbitraire, rentre tout à fait dans le caractère et le génie de Rome.

§ II.

COMPLICITÉ PAR CONSEIL.

Dans la loi XVI, *de pœnis*, au Digeste, se trouve une classification des délits prévus et punis par le peuple romain. Là nous trouvons établie une distinction fondamentale entre les *facta* et les *consilia*. Le jurisconsulte donne comme exemple, dans cette dernière classe, *conjurationes* et *latronum conscientia*, et complète l'expression de sa pensée par ces mots : *quoque alios suadendo juvasse sceleris est instar.* La loi XV, § 8, *de injuriis*, dit encore : *Fecisse convicium non tantum is videtur qui vociferatus est, verum is quoque qui concitavit ad vociferationem alios, vel qui summisit ut vociferentur.*

A l'aide des principes généraux de la complicité, qui, assurément, étaient aussi vrais à l'époque de Claudius Saturninus et d'Ulpien que de nos jours, on découvre aisément, sous le voile de ces derniers mots et de ces exemples, la complicité morale de celui qui, ayant conçu l'idée d'un crime, persuade à autrui de le mettre à exécution ; de celui qui, s'associant aux délibérations préparatoires des auteurs d'un crime, y apporte, en connaissance de cause, le secours de ses propres facultés. Dans ces deux personnages, se reconnaissent le coauteur intellectuel et l'auxiliaire intellectuel, agissant par voie de conseil. L'horizon s'éclaircit encore, lorsque, dans une foule de faits, on voit condamner d'une manière générale tous ceux qui, *ope aut consilio,* ont agi dans un but criminel réalisé par d'autres.

Ulpien, du reste, définit le *consilium* de la manière suivante: *Consilium dare videtur qui persuadet, atque impellit, atque instruit consilio ad furtum faciendum* (50, § 3, *de furtis.* — Conférez 12, Digeste, XLVIII, 5). Il est impossible de définir plus clairement le rôle du complice intellectuel, soit coauteur, soit auxiliaire. La persuasion, l'entraînement, l'assistance de simples avis, tels sont en effet les actes auxquels se réfère le jurisconsulte, et que nous devons considérer comme constituant la complicité par conseil.

Mais de ce que le *consilium* est si nettement défini par Ulpien, de ce que les jurisconsultes s'accordent pour classer ce fait parmi les faits punissables, suit-il nécessairement que le *consilium*, *à lui seul*, tombe toujours sous l'application des peines édictées par la loi positive chez les Romains?

Nous nous trouvons ici en face d'une controverse sérieuse. De rares criminalistes se sont occupés de cette question dans les temps modernes. Parmi ces érudits, il en est qui se décident pour la négative et qui prétendent que le *consilium, non accompagné d'une assistance manifestée dans des actes extérieurs, ne suffit pas à baser la complicité.* Ulpien dit, en effet, dans une formule générale : *Nec enim qui alicui malum consilium dedit furtum facit* (36, princ., Digeste, *de furtis*), ce qui est conforme au principe posé par Gaïus dans la loi II, *mandati vel contra,* en ces termes : *Nemo ex consilio obligatur.* Voilà donc des textes formels, clairs, précis, qui appuient et corroborent parfaitement le système de ceux qui adoptent la négative. Ce principe, refusant, aux yeux de la loi, toute influence à un conseil, rejette par là même toute la responsabilité de l'acte sur celui qui l'a accompli. La force de cet argument se trouve corroborée par un autre texte du Digeste, qui, après avoir exprimé un doute sur la question, et après l'avoir résolue, il est vrai, dans le sens de l'affirmative, se contredit et admet, suivant les décisions adoptées à une époque antérieure, que le *consilium*, par lui seul, ne constitue pas un fait de complicité : *Et sane post veterum auctoritatem eo perventum est, ut nemo ope videatur fecisse, nisi et consilium malignum habuerit; nec consilium habuisse noceat*, NISI ET FACTUM SECUTUM FUERIT (53, § 2, *verb. signif.*).

Dans le sens de cette opinion, on ajoute que la plupart des textes qui caractérisent la complicité par conseil exigent qu'elle se soit manifestée *ope*, c'est-à-dire *dans des actes d'assistance matérielle*, aux termes de la définition qu'Ulpien donne de cette expression à la suite de celle du *consilium* dans la même loi L, § 3, *de furtis*.

Tels sont les arguments que l'on fait valoir en faveur de la négative dans cette question intéressante.

Nous croyons devoir nous ranger parmi ceux qui adoptent l'affirmative.

La science rationnelle, dans la définition du complice, exige deux conditions essentielles : 1° l'intention criminelle du complice ; 2° *la réalisation effective* de cette intention. L'examen des textes relatifs à la complicité par *consilium* conduit à constater la même exigence chez les jurisconsultes romains. C'est ainsi que la loi XXXVI, *de furtis*, après avoir posé ce principe que le *malum consilium* ne constitue pas par lui-même un fait de complicité, ajoute : *Sed si alius*

et fugam persuaserit ut ab alio subripiatur, furti te-
nebitur is qui persuasit.

Ailleurs encore, et de la manière la plus explicite et
la plus générale, le même Ulpien, confirmant l'opinion d'un autre jurisconsulte, dit en propres termes :
Recte Pedius ait, sicut nemo furtum facit sine dolo
malo, ita nec consilium, vel opem ferre sine dolo malo
posse (50, § 2, *de furtis*). Dans une foule d'autres
textes nous voyons établie aussi nettement la nécessité
de l'intention criminelle, et, en étudiant en détail le
mode de complicité connu sous le nom de *consilium*,
nous aurons occasion de revenir sur ce point.

Quant à la seconde condition, la réalisation effective
de l'intention criminelle, nous trouvons au Digeste des
textes non moins explicites. *Cogitationis pœnam nemo*
patitur, dit la loi XVIII, *de pœnis;* personne ne doit
être puni pour une criminalité purement subjective,
et qui n'a point été suivie de la réalisation effective.
La loi I, *de furtis*, après avoir donné la définition du
vol, tire aussi cette conclusion : *Inde sola cogitatio*
furti faciendi non facit furtum : la seule pensée du vol
ne constitue point le fait même du vol. Ulpien nous dit
ailleurs, dans la loi L, § 2, *de furtis :* « *Et opem ferre*
vel consilium dare tunc nocet cum secuta est contrec-
tatio. » Paul pose également cette règle générale :
Sane post veterum auctoritatem eo perventum est, ut
nemo consilium habuisse noceat, nisi et factum se-
cutum fuerit (53, § 2, *verb. signif.*). Mais les textes
n'exigent point l'assistance matérielle jointe au *con-*
silium.

La loi XXXVI, *de furtis*, s'explique facilement, ainsi
que la maxime générale d'Ulpien. Dans le cas où se

place le jurisconsulte, s'il n'y a pas eu de complicité par conseil, c'est qu'il n'y a pas eu vol; car l'esclave qui s'est enfui n'a pu se voler lui-même, et, par hypothèse, personne ne s'en est emparé; il n'y a pas plus vol, ajoute même le jurisconsulte, que si on lui avait persuadé de se tuer en se poignardant ou en se noyant, *hæc enim furti non admittunt actionem*. A la suite de cette observation, Ulpien pose la condition de dol dans les termes que nous avons vus plus haut; puis il revient, à la fin du paragraphe, sur son observation première, *relative à la nécessité de réalisation du délit*, en rapportant la pensée de Pomponius : *Plus Pomponius*, etc. Rien n'est alors plus simple et plus conforme aux principes que la loi XXXVI, et ce n'est pas elle qui nous empêchera de dire qu'en droit romain le *consilium* constituait un fait de complicité, *indépendamment de toute assistance matérielle*.

Le principe de la loi II, *mandati*, «nemo ex consilio obligatur,» ne nous arrêtera pas davantage, car c'est une disposition de droit civil pur. La loi qui la renferme traite uniquement de la force obligatoire que peut avoir pour le mandataire le mandat qui lui est donné dans différentes circonstances. Ses décisions reposent uniquement sur l'intérêt civil et pécuniaire, et il est impossible, à moins d'un texte formel, d'introduire dans la matière du droit pénal des principes qui lui sont aussi étrangers par leur origine que par leur esprit.

Quant à la loi LIII, § 2, *verb. signif.*, après avoir émis un doute sur la question, et l'avoir tranchée dans le sens de l'affirmative, elle ne se contredit en aucune façon dans sa dernière partie, lorsqu'elle dit : *Nemo*

*ope videatur fecisse, nisi et consilium malignum habue-
rit;* elle se sert uniquement de l'expression *consilium*
pour désigner l'intention, et affirme seulement la nécessité d'une intention criminelle chez celui qui prête
assistance à l'exécution d'un délit (Pothier, *Pandect.*,
loi XVII, n° 1903).

Enfin, les nombreux textes qui parlent constamment
de eo quod ope, consilio factum sit, et semblent exiger,
comme condition constitutive de la complicité, la réunion de l'*ops* au *consilium,* trouvent leur explication
dans cette même loi LIII, § 2, *verb. signif.,* qui nous
fournit, outre la dernière réfutation du système que
nous combattons, la confirmation du nôtre, en disant :
*Sed verius est quod Labeo ait, separatim accipienda,
quia aliud factum est ejus qui ope, aliud ejus qui consilio furtum facit.*

Mais ce texte, si important qu'il soit, n'est pas le seul
qui démontre la séparation de l'*ops* et du *consilium.*
Un grand nombre d'auteurs l'expriment formellement,
et tous ceux qu'il nous a été donné de passer en revue
seraient inexplicables dans le système contraire au
nôtre. C'est ainsi que nous lisons dans les *Sentences* de
Paul le passage suivant (voyez Paul, Sent. II, 31,
§ 10) : *Non tantum qui furtum fecerit, sed etiam is
cujus opera aut consilio furtum factum fuerit, furti
actione tenetur.*

Au Digeste nous trouvons un paragraphe qui confirme aussi notre opinion ; *Si quis uxori res mariti
subtrahenti opem consiliumve accommodaverit, furti
tenebitur* (52, Dig., *princ., de furtis.* — Conférez 1,
§ 4, *de servo corrupto;* 11, § 0, *de injuriis;* 50, 4,
de furtis; 16, *princ., de pœnis).*

Nous croyons avoir démontré d'une façon irrécu-
sable la séparation entre l'*ops* et le *consilium* par les
textes que nous venons de citer. Nous sommes donc
autorisé à'dire que le *consilium* suffit *par lui seul*,
indépendamment de tout fait d'assistance matérielle,
à établir la complicité chez les Romains. Cette doctrine
est, d'ailleurs, conforme aux principes généraux de la
science rationnelle. Après l'exposition de ce système, il
nous faut étudier avec plus de détails les caractères
exigés par la loi romaine pour que le *consilium* puisse
tomber sous le coup de la loi pénale.

Les deux conditions essentielles pour que la complicité morale, désignée sous le nom de *consilium*,
produise ses conséquences pénales, sont l'intention
criminelle chez l'instigateur, et l'exécution qui doit
effectivement répondre à cette intention.

Mais l'intention criminelle ne peut exister que chez
une personne *intelligente*, ou tout au moins *doli capax*;
et c'est pourquoi le jurisconsulte Javolénus nous dit
formellement : *Nemo opem aut consilium alii præ-
stare potest, qui ipse furti faciendi consilium capere
non potest* (90, § 1, Dig., *de furtis*).

Cette intention doit, en outre, avoir été relative au
délit; c'est ce qui ressort de la décision donnée par
Marcien dans la loi LXII, *de furtis*, qui dit d'une
manière absolue, sans s'arrêter aux faits qui ont pu se
produire ultérieurement : *Furtum non committit qui
fugitivo iter monstravit*. En déterminant ailleurs le
caractère de l'intention, Ulpien dit plus justement que
si cette intention doit certainement avoir été de nuire
à autrui, peu importe qu'elle ait été accompagnée du
désir de *profiter* du délit, quand même un profit aurait

été réalisé par les complices de l'instigateur : *Ope, consilio furtum factum, Celsus ait, non solum si idcirco fuerit factum ut socii furarentur, sed et si non ut socii furarentur, inimicitiarum tantum causa fecerit* (50, § 1, *de furtis*).

Toutefois, dans la loi XXXVI, *de furtis*, Ulpien, confirmant l'opinion de Pomponius, qu'il cite du reste comme rigoureuse, dit que le simple conseil donné à un esclave de s'enfuir, conseil mis d'ailleurs à exécution, peut donner lieu à une complicité de vol, si plus tard quelqu'un s'empare de cet esclave; et cette décision ne suppose en aucune façon l'idée du vol chez l'instigateur, mais tout au plus l'intention générale de faire prendre l'esclave. Elle ne fait cependant pas échec à celle de Marcien, sur laquelle nous venons de nous appuyer, car celle-ci se réfère à une tout autre hypothèse. Marcien, en effet, ne suppose pas l'intention frauduleuse de faire prendre l'esclave; il suppose tout au plus celle de le dérober aux poursuites de son maître. La comparaison entre les deux textes montre seulement l'esprit tout différent qui a inspiré Ulpien d'une part et Marcien de l'autre, chacun dans son espèce. La logique du second nous paraît préférable à la sévérité du premier.

Enfin, en exigeant le *dolum* chez l'instigateur, les jurisconsultes ont toujours le soin de lui donner l'épithète de *malum*. C'est qu'en effet, en droit romain, on distinguait le *dolum bonum* et le *dolum malum*. « *Non fuit autem contentus prætor dolum dicere, sed adjecit malum : quoniam veteres dolum etiam bonum dicebant, et pro solertia hoc nomen accipiebant; maxime, si adversus hostem latronemve quis machinetur* » (1, § 3,

Dig., *de dolo malo*). Or, cette distinction nous conduit à remarquer que, toute manœuvre frauduleuse
étant admise à l'égard d'un brigand ou d'un ennemi
de l'État, la complicité est impossible dans le cas où
il se produit à leur préjudice un acte coupable en lui-
même, mais qui, à raison du dol autorisé par la loi,
échappe à toute sanction et devient à ses yeux un acte
d'adresse ou même de vertu.

Mais, indépendamment des deux caractères que
nous avons étudiés, le *consilium* doit en présenter un
troisième, non moins essentiel que les deux précédents,
et qui constitue plus particulièrement le lien de la
complicité. Il apparaît dans la définition que donne
Ulpien : *Consilium dare videtur, qui persuadet, atque impellit, atque instruit consilio ad furtum faciendum.* Les trois expressions dont il se sert ont toutes
trois ce caractère particulier d'énergie, d'impliquer
une action, et une action impulsive, de l'instigateur
sur l'exécuteur ; elles nous le montrent sollicitant
jusqu'à persuader, excitant jusqu'à entraîner, donnant
des avis jusqu'à les imposer, comme des instructions ;
en sorte qu'il devient pour ainsi dire comme le mo-
teur de l'activité intelligente et libre à laquelle il
s'adresse. Et tel est, en effet, aux yeux de la science
rationnelle, le lien nécessaire entre le complice intellectuel et l'auteur matériel. Aussi Pothier reconnaît-il
en droit romain et reconnaissons-nous avec lui la
nécessité de cette troisième condition, en citant la
remarque suivante qu'il fait sur la définition d'Ulpien :
« *Secus de eo qui aliquem jam furari paratum horta-
» retur simpliciter adjuvandum, laudaretque ejus
» propositum.* »

3

La science rationnelle, en déterminant les conditions de la pénalité humaine, exige, pour qu'elle soit mise en jeu, qu'un acte matériel se soit produit, qui, outre sa criminalité, ait porté une atteinte effective à l'ordre social. Le droit romain, nous l'avons vu, proclamait aussi ce principe. La loi XVIII, *de pœnis*, nous dit en effet : *Cogitationis pœnam nemo patitur*, et, par conséquent, toute association à un fait pareil, si coupable d'ailleurs qu'il pût être, était aussi à l'abri de la justice pénale à Rome. Toutefois, le cas spécial de complot contre la sûreté de l'État constituant un délit particulier prévu par la loi, contrairement, il est vrai, au principe ordinaire, mais à raison de sa gravité et du danger qu'il fait courir à la société, toute participation à cet acte devient un fait de complicité, et, à ce titre, est puni par la loi. C'est ainsi que décident plusieurs textes du Digeste et du Code que nous nous bornons à citer (1 et 3, pr., Dig., *ad legem Juliam de vi publica*; 5, Code, *ad legem Juliam majestatis*).

Telles étaient les règles suivies par la législation antérieure à Justinien sur la complicité par *consilium*. Les Instituts ont donné lieu à quelques difficultés qui méritent d'attirer l'attention. Nous y lisons le passage suivant : *Certe qui nullam opem ad furtum faciendum adhibuit, sed tantum consilium dedit atque hortatus est ad furtum faciendum, non tenebitur furti* (Instit., IV, 1, § 11).

Nous trouvons sur ce texte trois interprétations différentes. Les uns ont dit qu'il devait être entendu en ce sens que le *consilium* non suivi d'exécution ne peut motiver une action criminelle : ce serait donc une pure et simple reproduction de la seconde des trois

conditions exigées pour que le *consilium* puisse
donner naissance à la complicité, conformément aux
lois LIII, §2, *de verb. signif.*; XXXVI, *pr.*, et LII, §10,
de furtis.

Vinnius propose une autre explication. Selon lui,
le mot *consilium* peut être pris dans trois acceptions
distinctes, outre son sens ordinaire. Quelquefois, nous
dit-il, on entendait par là *malum propositum*, et c'est
ainsi que nous avons déjà interprété la fin de la
loi LIII, § 2, *de verb. signif.*; d'autres fois, on prenait
le conseil *pro simplici suasione seu monitione*, et c'est
dans ce sens que Vinnius croit qu'il a été employé
par Justinien : dans ce cas, la troisième condition que
nous avons fait ressortir de la définition du *consilium*
donnée par Ulpien n'étant pas remplie, il est clair
que celui de qui il émanait ne pouvait être puni comme
complice d'un vol auquel il n'avait pas effectivement
participé.

Dans une dernière opinion, enfin, qui paraît être celle
de MM. Chauveau et Hélie, on soutient que les Institutes ont ouvert une nouvelle voie dans la législation,
ne voulant plus qu'on fût incriminé pour un simple
consilium donné sans assistance matérielle. La grande
controverse que nous avons vidée au début de cette
étude, et qui paraissait surgir déjà au temps des jurisconsultes classiques, aurait donc été tranchée par
Justinien contrairement à l'opinion générale des précédents.

Nous écarterons dès l'abord ce dernier système, qui,
laissant subsister notre théorie sur la portée du *consilium*, met Justinien en une singulière contradiction
avec lui-même. Ce n'est en effet que postérieurement

aux Institutes, un mois après celles-ci, que le Digeste fut publié et confirmé par lui. Une semblable contradiction serait d'autant plus inexplicable qu'elle aurait pour effet d'établir une législation absolument contraire à l'esprit rigoureux de la pénalité à l'époque impériale. Enfin, on peut dire qu'avant de s'arrêter à une opinion aussi radicale, il serait plus prudent et plus juridique d'examiner si les principes ordinaires ne suffisent pas à expliquer la décision de Justinien.

Le premier et le second système nous paraissent tous deux répondre à cette pensée; tous deux sont basés sur des observations exactes; mais nous croyons devoir cependant nous ranger à l'opinion de Vinnius.

La rédaction absolue du texte ne nous paraît pas se plier à la pensée, d'ailleurs fort juridique, présentée par le premier système. Dès lors, nous dirons, nous appuyant encore sur l'autorité de Pothier, que le paragraphe 2 signifie tout simplement que le simple conseil, n'ayant exercé aucune action sur l'agent, ou ne lui ayant apporté aucun secours, ne peut constituer un fait de complicité : nous trouvons ainsi dans ce paragraphe 2 la confirmation du troisième caractère essentiel que nous avons reconnu dans la définition du *consilium* donné par Ulpien.

Complicité par ordre. — Celui qui donne l'ordre de commettre un crime est assurément un auteur intellectuel, au point de vue de la science rationnelle. C'était l'opinion des Romains : *Nihil interest occidat quis an causam mortis præbeat*, disait la loi romaine; et elle avait raison.

« Le commandement, disent MM. Chauveau et Hé- » lie, suppose l'autorité et l'obéissance; si cette auto-

» rité n'existe pas, l'ordre n'a plus aucun poids, il
» cesse d'être la cause déterminante, prochaine du
» crime ; sa criminalité disparaît avec sa puissance,
» ou, du moins, on ne doit plus le regarder que comme
» un mandat ou un conseil. » C'est aussi dans ce sens
que les Romains appréciaient le caractère de l'ordre,
et qu'ils le considéraient comme engageant la responsabilité de celui qui l'avait donné : *Liber homo si jussu
alterius manu injuriam dedit, actio legis Aquiliæ
cum eo qui jussit, si jus imperandi habuit; quod si non
habuit, cum eo agendum est qui fecit* (30, pr., Dig.,
liv. IX, tit. II).

Lorsqu'il s'agit non plus d'un homme libre, mais
d'un esclave mis en œuvre par un ordre, les jurisconsultes observent avec grand soin s'il a été commandé par la personne ayant puissance ou autorité
sur lui.

Les auteurs romains distinguaient entre les *levia
vel atrocia delicta*. Dans le cas d'un *delictum leve*, le
maître étant seul responsable, il n'y avait pas, à proprement parler, complicité.

Mais si le fait criminel ordonné était un *scelus atrox*,
l'esclave qui n'avait pas su trouver dans sa conscience
la force de repousser un crime aussi abominable était
puni avec son maître (lois CLVII, pr., Dig., *de regulis
juris;* XVII, § 7, *de injuriis*).

Quand le fait criminel ordonné ne constituait qu'un
delictum leve, le donneur d'ordre, avons-nous dit,
était seul coupable, en droit romain; mais cette décision ne s'appliquait qu'au cas où l'exécuteur avait agi
sous l'empire d'une contrainte physique ou morale
capable de détruire sa volonté : *Is damnum dat qui*

jubet dare; ejus vero nulla culpa est cui parere necesse est (loi CLXIX, Dig., *de regul. jur.*).

Enfin, lorsqu'un ordre criminel était révoqué, retiré avant l'exécution de l'acte prescrit, toute participation morale de la part de l'instigateur disparaissait aux yeux des jurisconsultes de Rome : « *Sed ego quæro, an re-* » *vocare hoc jussum, antequam credatur, possit ? et* » *puto posse : quemadmodum si mandasset* (loi I, § 2, Dig., liv. XV, tit. IV).

Complicité par mandat. — Celui qui a donné mandat de commettre un crime réunit toutes les conditions constitutives de la qualité d'auteur intellectuel. N'est-ce pas, en effet, le mandant qui est le promoteur de la résolution, qui l'a communiquée et fait adopter à des complices qui l'ont exécutée ? Mais le mandataire est ici considéré comme ayant agi dans le plein et entier exercice de sa liberté ; sans doute, il a subi l'influence du mandant, mais il pouvait fermer l'oreille aux sollicitations. Aussi le droit romain n'accorde point au mandataire, comme à l'exécuteur de l'ordre, le bénéfice de l'excuse et même de l'impunité.

La loi romaine, parlant du mandant, nous dit : « *Mandator cædis pro homicida habetur.* » Elle considère le mandant comme coauteur du crime : « *Si mandatu meo facta sit alicui injuria, plerique aiunt tam me qui mandavi quam eum qui suscepit, injuriarum teneri* (Dig., liv. XLVII, tit. x, loi II, § 3). *Non ideo minus crimine sive atrocium injuriarum judicio tenetur is qui in justam accusationem incidit, quia dicit alium se hujusmodi facti mandatorem habuisse. Namque hoc casu, præter principalem reum, mandatorem quoque ex sua persona convenire posse, ignotum non est* » (5, 0., IX, 2).

En droit romain, l'instigateur est-il tenu de toutes les aggravations résultant du fait de l'exécuteur dans l'accomplissement du crime? Le mandant est-il responsable de ce que le mandataire a fait en dehors des limites de son mandat?

Si nous considérons les règles du mandant telles qu'elles sont formulées au Digeste, au titre *mandati vel contra*, nous devrons répondre négativement : « *Diligenter igitur fines mandati custodiendi sunt; nam qui excessit aliud quid facere videtur.* » Mais cette règle s'applique aux matières civiles, et non point aux matières criminelles. Aucun texte ne s'explique positivement sur la question dont il s'agit ; cependant on peut dire que, toute idée de droit strict étant absente de l'esprit des jurisconsultes romains, ils ont dû faire une juste appréciation de la responsabilité de chacun, en distinguant si le mandant a pu prévoir ou non les aggravations qui se sont produites dans l'exécution. En l'absence de textes, quel meilleur guide peut-on suivre que la science rationnelle, à laquelle nous empruntons cette solution de bon sens?

Les Romains refusaient au contrat immoral et criminel intervenu entre les parties la sanction des actions: c'est ce qui résulte du texte suivant : « *Qui œdem sacram spoliendam, hominem vulnerandum, occidendum, mandatum suscipiet, nihil mandati judicio consequi potest, propter turpitudinem mandati* » (22, § 0, Dig., *mandati vel contra*).

Mais le contrat immoral peut être révoqué: *Recte mandatum contractum, si, dum adhuc integra res sit, revocatum fuerit, evanescit* (Instit., III, 26, § 0) ; seulement, il faut que cette révocation ait été com-

muniquée, exprimée au mandataire : c'est le seul
moyen de rompre le lien de complicité entre le mandant et le mandataire.

L'approbation donnée par une personne à un crime
commis en son nom, en vue de son intérêt ou de la
réalisation d'un de ses désirs, la constitue-t-elle
complice de ce crime?

C'est la question que les interprètes du droit romain
ont soulevée en présence de ce texte d'Ulpien : *In
maleficio ratihabitio mandato comparatur* (152, § 2,
Dig., L., 17). Le texte de la loi romaine est formel,
et, quelque irrationnelle que puisse paraître son interprétation littérale, nous croyons devoir nous en tenir
au texte même et décider l'affirmative. Nous lisons en
effet au Digeste: *Cum procurator armatus venit, et
ipse dominus armis dejecisse videtur, sive mandavit,
sive (ut Julianus ait) ratum habuit* (3, § 10, C.).

Une personne commet un délit en mon nom,
prétendant exécuter ma volonté ; j'ai connaissance de
ce fait que, d'ailleurs, je ne ratifie pas expressément,
mais je ne m'y oppose pas : serai-je complice du délit?
Dans la loi LX au Digeste, *de regulis juris*, nous
trouvons un texte qui, suivant nous, doit exiger une
réponse affirmative; le voici : *Semper qui non prohibet
pro se intervenire, mandare creditur. Sed et si quis
ratum habuerit quod gestum est, obstringitur mandati
actione.* Il est de principe, en droit romain, que le non-
empêchement constitue un fait de complicité ; et nous
sommes porté à croire que ce texte est une application,
une confirmation de la règle générale.

Complicité par assistance matérielle. — Ulpien
définit ainsi la complicité matérielle, c'est-à-dire l'*ops*

en droit romain : *Opem fert qui ministerium atque adjutorium ad subripiendas res præbet* (50, § 3, Dig., XLVII, 2).

En général, les lois romaines ne considéraient le complice par assistance que comme auxiliaire, excepté lorsque son intervention prenait un caractère tellement grave, exerçait une influence tellement directe sur l'accomplissement même du crime, qu'elle en devenait pour ainsi dire comme la condition essentielle et constitutive.

Le fait d'une assistance purement matérielle suffit à établir la complicité : *Si alius tenuit, alius interemit, is qui tenuit, quasi causam mortis præbuit, in factum actione tenetur* (11, § 1, Dig., *ad legem Aquiliam*). Nous trouvons encore le texte suivant : *Qui vel ferramenta sciens commodaverit ad effringendum ostium, vel armarium, vel scalam sciens commodaverit ad ascendendum, licet nullum ejus consilium principaliter ad furtum faciendum intervenerit, tamen furti actione tenetur* (54, § 4, *de furtis*).

Si un fait matériel suffit à établir la complicité, il est clair que certaines conditions doivent, en outre, être remplies.

En effet, les textes exigent, comme pour la complicité morale, que le crime préparé ait été suivi d'exécution ; que le secours apporté dans la préparation ou l'exécution ait été réel et efficace ; enfin, que l'intention du complice ait été mauvaise et conforme à celle de l'exécuteur. Cette dernière condition est très-nettement exprimée par Paul, en ces termes : « *Qui injuriæ causa* » *januam effregit, quamvis inde per alios res amotæ* » *sint, non tenetur furti : nam maleficia voluntas*

» et propositum delinquentis distinguit » (53, pr.,
Dig., XLVII, 2).

Il n'est pas nécessaire que les intentions aient été
identiques ; il suffit qu'elles se soient rencontrées sur
le fait du vol, quand même le but principal du complice
n'aurait pas été de voler. C'est ce qui ressort de la
loi LIV, § 4, de furtis.

A propos de la complicité par assistance matérielle,
il nous faut dire quelques mots de l'hypothèse du vol,
dont s'occupe la loi LIV, § 4, de furtis.

Cette loi nous fait très-bien comprendre la différence
qu'il y a entre l'auteur d'un vol et le simple complice
par assistance de ce vol. Pour être *auteur* du vol et,
par suite, être tenu de l'*actio furti*, il faut non-seulement en avoir facilité l'accomplissement en enfon-
çant les portes ou disposant des moyens d'accès dans
l'édifice ; il faut même plus que le fait de la *con-
trectatio* : il faut, de plus, l'intention de voler. Tout
autre participant ne sera qu'un auxiliaire.

Les Institutes, parlant de l'assistance matérielle,
nous disent : « *Interdum furti tenetur qui ipse furtum
» non facit, qualis est cujus ope et consilio furtum fac-
» tum est* » (Inst., IV, 1, § 11). D'après ce fragment du
texte que nous avons ci-dessus reproduit en entier,
il ne faudrait point considérer tout complice, c'est-à-
dire tout agent *ope aut consilio*, comme un simple
auxiliaire. Rappelons-nous, en effet, ce texte qui *assimile absolument* le complice à l'auteur : *Nihil interest
occidat quis an causam mortis præbeat ; mandator
cædis pro homicida habetur* (15, Dig., XLVIII, 8).
Nous concluons de là que Justinien n'a entendu parler
que par voie d'exemple, et a voulu dire qu'un com-

plice, même lorsqu'il n'a joué qu'un rôle auxiliaire, doit être atteint par l'*actio furti*, comme le voleur lui-même.

L'adultère offre aussi des dispositions importantes au point de vue de la complicité.

Une assimilation complète existe entre la femme coupable et le complice de cette femme. Tous deux sont coauteurs du même crime : « *Hujus criminis postulantur mulier et adulter,* » dit Pothier. D'après la loi II, *pr., ad legem Juliam, de adulterio,* il faut atteindre l'*adultère* avant de poursuivre la femme. N'est-il pas rationnel de conclure de là qu'aux yeux de la loi pénale, il y a au moins égalité dans la responsabilité de l'un et de l'autre ?

Ceux qui interviennent, par une assistance coupable, dans la perpétration du crime d'adultère ne sont que des complices auxiliaires, mais ils subissent la même pénalité que l'*adulter* : *Qui domum suam, ut stuprum, adulteriumve cum aliena matrefamilias, vel cum masculo fieret, sciens præbuerit..., cujuscumque sit conditionis, quasi adulter punitur* (8, Dig., XLVIII, 5).

Quant au mari, selon toutes probabilités, lorsqu'il s'était rendu coupable d'avoir aidé à la violation de la foi conjugale et au déshonneur de sa maison, il était, en droit, considéré comme coupable du délit spécial de *lenocinium*. Et, en effet, si nous trouvons le texte suivant : « *Qui quæstum ex adulterio uxoris suæ fecerit, cujuscumque sit conditionis, quasi adulter punitur,* » si, dis-je, nous trouvons dans ce texte le caractère de simple complice auxiliaire donné au mari, nous trouvons aussi un autre texte qui semble bien donner au délit du mari un caractère spécial : *Lenocinii quidam crimen lege Julia de adulteriis præscriptum est : cum sit in eum maritum pœna statuta qui de adulterio uxoris suæ quid ceperit; nec enim mediocriter delinquit qui lenocinium in uxore exercuit* (2, § 2, et 20, § 3, Dig., XLVIII, 5). Ce passage attribue évidemment à l'acte coupable du mari un caractère particulier, sous le nom de *lenocinium*, caractère parfaitement distingué par Pothier.

Lorsque deux personnes se précipitent en même temps sur une troisième, que l'une d'elles tient la victime, tandis que l'autre lui donne la mort, il n'y a pas deux complices; il y a deux auteurs : *Si alius tenuit, alius interemit, is qui tenuit quasi causam mortis præbuit, in factum actione tenetur* (11, § 1, Dig., IX, 2). — De même la loi III, *pr.*, ad *legem Corneliam, de sicariis*, assimile le vendeur ou le fabricant de poison au meurtrier lui-même : *Ejusdem legis Corneliæ de sicariis et veneficiis capite quinto, qui venenum necandi hominis causa fecerit, vel vendiderit, vel habuerit, plectitur.*

Quand deux bandits se concertent et attaquent une personne, que l'un d'eux maintient la victime, tandis que l'autre la frappe, nous sommes en présence de deux auteurs. Il est à remarquer cependant que celui qui a frappé directement sera tenu de l'action de la loi Aquillia, tandis que l'autre ne sera tenu que d'une *actio in factum*. Mais cette différence s'explique parfaitement, car la loi Aquillia ne frappait que l'auteur du *damnum corpori corpore datum*, ce qui, dans l'espèce, ne peut s'entendre du complice qui s'est borné à tenir la victime; du reste, cette distinction n'a d'intérêt qu'en droit civil, et, sauf cette remarque, la règle générale : *Nihil interest occidat quis, an mortis causam præbeat*, reprend tout son empire.

§ III.

COMPLICITÉ FICTIVE.

Du non-empêchement. — Nous entrons ici dans une matière d'exception : parler de la complicité fictive, c'est parler d'une complicité exceptionnelle. Le fait de ne pas mettre obstacle à l'exécution d'un crime lorsqu'on le pourrait est sans doute blâmable aux yeux de la morale, mais il ne contient assurément pas les caractères constitutifs de la complicité ; car, dans le cas d'abstention, l'élément intentionnel manque. Cette intention dirigée dans le sens du crime, qui est nécessaire à la constitution de la complicité, fait défaut dans l'hypothèse d'une attitude simplement inactive. La loi romaine posait-elle en règle générale la complicité par non-empêchement? nous le croyons. Ce qui nous confirme dans cette opinion, c'est le texte suivant : *Culpa caret qui scit, sed prohibere non potest. Nullum crimen patitur is qui non prohibet, cum prohibere non potest* (50 et 100, Dig., L., 17). Celui-là n'est point coupable qui a connaissance d'un crime, mais qui est dans l'impossibilité de l'empêcher : *Culpa caret qui scit, sed prohibere non potest.* Donc celui qui était *dans la possibilité* de l'empêcher est complice, et punissable comme tel. Cet argument *a contrario* nous semble décisif. Nous trouvons, du reste, une application du principe de complicité par non-empêchement, dans le Digeste, relativement aux faux monnayeurs (9, *pr.*, et § 1, Dig., XLVIII, 10) : *Lege Cornelia cavetur ul is qui in aurum vilii quid addiderit, quique argenteos nummos adulterinos flaverit, falsi crimine teneri. Eadem pœna afficitur etiam is qui, cum prohibere tale quid posset, non prohibuit.*

De la non-révélation. — Était-ce un cas de complicité chez les Romains ? — La non-révélation peut être, dans certaines circonstances, un fait coupable ; cependant on ne peut se dissimuler que les présomptions de complicité sont beaucoup moins fortes dans le cas de non-révélation que dans l'hypothèse du non-empêchement. Aussi estimons-nous que la non-révélation, en règle générale, n'était point punie à Rome, à la différence du non-empêchement.

Du reste, nous nous trouvons en présence d'un texte de la loi XLVIII, *de furtis*, qu'il n'est guère possible de réfuter : *Qui furem novit, sive indicet eum, sive non indicet, fur non est ; cum multum intersit, furem quis celet an non indicet : qui novit furti non tenetur ; qui celat hoc ipso tenetur* (48, § 1, Dig., XLVII, 2).

Il n'y a donc ni vol ni complicité à ne pas révéler un voleur qu'on connaît, et que l'on pourrait livrer à la justice. Cependant certaines décisions spéciales, relatives à des crimes extraordinairement graves, faisaient exception à la règle générale que nous venons de poser. Ces exceptions sont relatives au crime de parricide, au crime de lèse-majesté et au crime du médecin qui n'a pas révélé à la personne qu'il soigne la nature vénéneuse des substances que son meurtrier devait lui faire prendre. Au sujet du crime de parricide, nous lisons au Digeste : *Frater autem ejus qui cognoverat tantum, nec patri indicaverat, relegatus est* (6, Dig.,

XLVIII, 9). Un fils a conçu le dessein d'attenter à la vie de son père ; son frère a eu connaissance de ce projet criminel et infâme ; malgré cela, il a gardé le silence. Sa conscience ne s'est pas soulevée jusqu'à le faire parler, son cœur n'a pas ressenti l'indignation jusqu'à livrer aux magistrats la connaissance de cette résolution odieuse ! Son indifférence monstrueuse le fait considérer par la loi romaine comme ayant participé, dans sa conscience au moins, à l'exécution de ce forfait : ce n'est que justice ! Une telle exception était nécessaire.

Quant à la complicité du crime de lèse-majesté, la simple connaissance du crime, jointe au fait de sa non-révélation, suffisait, là encore, à la constituer. Cette présomption de complicité suffisait aux yeux des empereurs Arcadius et Honorius, qui désignaient sous le nom de *conscii* les complices de ce genre : *Quisquis, cum militibus, vel... inierit factionem, aut... de nece etiam virorum illustrium... cogitaverit (eadem enim severitate voluntatem sceleris qua effectum, puniri jura voluerunt), ipse quidem utpote majestatis reus, gladio feriatur, bonis ejus omnibus fisco nostro addictis* (5, pr., C., IX, 8). Si les empereurs punissaient la non-révélation, ils récompensaient, d'autre part, la révélation elle-même.

Hypothèses spéciales. — Après avoir examiné les hypothèses du non-empêchement et de la non-révélation, nous passons à certains cas particuliers d'abstention qui ne rentrent ni dans la catégorie du non-empêchement, ni dans celle de la non-révélation, et qui, cependant, étaient punis par la loi romaine.

Ainsi, le soldat qui ne porte pas secours à son chef

est déclaré complice, et puni de la même peine que le meurtrier: *Qui præpositum suum non protexit cum posset, in pari causa factori habendus est; si resistere non potuit, parcendum ei* (6, Dig., XLIX, 16).

Le soldat qui s'échappe de sa prison, les armes à la main, est puni de mort, et celui qui l'a laissé s'enfuir est frappé de la même peine: *Miles qui ex carcere, dato gladio, erupit, pœna capitis punitur. Eadem pœna tenetur et qui eum quem custodiebat deseruit.* (38, § 11, Dig., XLVIII, 19.)

§ IV.

COMPLICITÉ SPÉCIALE.

Recel des personnes. — *Pessimum genus est receptatorum, sine quibus nemo latere dici potest; et præcipitur ut perinde puniantur atque latrones.* Ces paroles de Marcien, que nous trouvons dans le livre XLVII, titre XVI, loi I, au Digeste, peuvent se traduire ainsi : S'il n'y avait pas de recéleurs, il n'y aurait pas de voleurs; le recéleur doit être puni comme le voleur.

Le jurisconsulte Paul nous dit de même: *Receptores aggressorum itemque latronum eadem pœna afficiuntur qua ipsi latrones; sublatis enim susceptoribus, grassantium cupido conquiescit* (Paul, Sent., V, 3, § 4).

La loi romaine estimait donc que le recéleur prêtant secours et assistance très-efficaces au voleur, devait être considéré comme complice du voleur lui-même ; aussi les textes établissent-ils une assimilation complète entre le recéleur et l'auteur de l'acte criminel, comme étant l'un et l'autre complices d'un même crime. C'est ainsi que nous lisons au Code : *Eos qui secum alieni criminis reos occultando eum eamve sociarunt, par ipsos et reos pœna exspectet* (C., IX, 39). Cette assimilation du recéleur et de l'auteur du crime nous apparaît encore de la façon la plus nette dans la loi I, § 2, *de raptu virginum*, au Code : *Cæteros autem omnes qui conscii ac ministri hujusmodi criminis reperti et convicti fuerint,* VEL QUI EOS SUSCEPERINT, *vel qui quicumque opem eis tulerint...,pœnæ tantummodo capitali subjicimus.*

En présence de termes aussi formels, l'assimilation du recéleur et de l'auteur du crime ne saurait faire de doute pour quiconque veut tenir compte des textes que nous venons de rapporter.

Recel des choses. — Le recéleur des choses, de même que le recéleur des personnes, est considéré comme complice ; la constitution suivante d'Honorius et de Théodose établit ce principe de la façon la plus nette : *Crimen non dissimile est rapere et ei qui rapuit raptam rem scientem delictum servare* (9, C., IX, 12).

Nous trouvons la confirmation de cette règle dans cet autre texte emprunté au Digeste : *Eos qui a servo furtim ablata scientes susceperint, non tantum de susceptis convenire, sed etiam pœnali furti actione potes* (14, C., VI, 2). *Non tantum autem qui rapuit, verum is quoque qui recepit, ex causis suprascriptis tenetur ; quia receptores non minus delinquunt quam adgressores* (3, § 3, Dig., XLVII, 9).

Il faut donc dire d'une manière générale qu'à Rome le recel des objets, aussi bien que celui des personnes, était considéré comme acte de complice; seulement il convient d'ajouter que le recéleur n'était

4

jamais considéré comme coauteur, mais seulement comme complice auxiliaire.

Conditions générales du recel. — Mais le fait de recéler n'était punissable qu'à certaines conditions. La première que nous voyons exigée est celle de la connaissance du crime, jointe à l'intention frauduleuse de cacher la chose ou la personne (3, §2, Dig., XLVII). Il est certains cas où l'on peut recueillir une chose volée sans commettre le moins du monde un acte repréhensible ; il en sera certainement ainsi lorsqu'on prétendra uniquement garder la chose pour la rendre à son propriétaire. La loi V, *de servo corrupto*, vient encore à l'appui de cette décision et de cette remarque. La même condition est exigée, pour le recel des personnes, par l'empereur Valentinien : *Et latrones quisquis sciens susceperit et eos afferre judicio supersederit, supplicio corporali*, etc., *plectetur* (1, C., IX, 39). Si donc c'est un pur motif d'humanité qui a guidé la personne accusée de recel, ou si elle a agi dans l'ignorance de celui qu'elle a reçu, ou par toute autre bonne raison, elle doit être nécessairement déchargée des fins de l'accusation : *Cæterum, si quis ut domino custodiret, recepit, vel humanitate, vel misericordia ductus, vel adprobata atque justa ratione, non tenebitur.* (5, Dig., XI, 3).

La condition de dol est donc nécessaire ; mais est-elle suffisante pour donner au recel le caractère d'un acte de complicité ? Nous croyons devoir répondre négativement.

Suivant nous, la condition de promesse antérieure, expresse ou tacite, est nécessaire pour donner au recel le caractère de la complicité, quoique cette opinion ne soit point admise par de respectables commentateurs. Cependant Marcien, nous parlant, au Digeste, de ce *pessimum genus receptatorum sine quibus nemo diu latere potest*, veut évidemment désigner cette race de gens misérables qui exercent *habituellement* le métier de fournir un refuge aux brigands ; il suppose par là même que ces brigands viennent se réfugier chez le recéleur par suite de promesses antérieures, arrêtées d'avance. C'est ainsi que l'on nous parle encore, au Digeste, des *receptores abigeorum*, c'est-à-dire de ceux qui donnaient asile aux voleurs de troupeaux. Or il s'agit là, assurément, de recéleurs d'*habitude*, ou convenus à l'avance, car tout le monde n'est pas prêt à recevoir des troupeaux entiers. (3, § 3, et 1, *pr.*, Dig., XLVII, 14.)

§ III.

PEINES DE LA COMPLICITÉ.

Il nous reste à résoudre une importante question, celle de savoir quelle part de responsabilité la loi romaine faisait aux différents complices dont jusqu'ici nous avons reconnu l'existence et les caractères.

L'examen des textes nous amène à cette conclusion que, chez les Romains, la même espèce de peine était infligée aux différents complices d'un même délit: *Nihil interest occidat quis, an causam mortis præbeat* (15, *pr.*, Dig., XLVIII, 8). Tel est le principe général qui nous paraît dominer la matière dans les textes du Digeste et du Code. Écoutons, sur ce point, les paroles du jurisconsulte Marcien nous parlant de la complicité réelle, à propos de la loi Cornélia, *de sica-ris* : « *Ejusdem legis pœna adjicitur qui in publicum mala medicamenta vendiderit, vel hominis necandi causa habuerit* » (3, § 1, Dig., XLVIII, 8. — Conférer 5, 8, 10, Dig., XLVII, 10). Valentinien, au Code, *de paganis*, établit aussi d'une manière générale que *conscii etiam criminis, ac ministri sacrificiorum eamdem pœnam, quœ in illum fuerit irrogata, susti-neant* (7, C., 1, 11).

Pour la complicité fictive, nous trouvons la même assimilation : *Miles qui ex carcere, dato gladio, erupit, pœna capitis punitur ; eadem pœna tenetur et qui eum quem custodiebat, deseruit* (38, § 11, Dig., XLVIII, 19). Le Digeste nous offre un autre exemple de cette doctrine dans la non-prohibition du crime de fausse monnaie, qui est puni comme ce crime lui-même (9, *pr.*, Dig., XLVIII, 10).

Si nous poursuivons nos recherches, nous décou-vrons que la règle s'appliquait aussi au complice par recel, ainsi que nous le prouve le texte suivant, au Code, *de crimine peculatus* : « *His quoque nihilominus qui ministerium eis ad hoc adhibuerunt, vel qui subtractas ab his scientes susceperunt, eadem pœna percellendis* » (1, C., IX, 28). Marcien confirme, au Digeste, cette décision de la manière suivante : *Præcipitur ut perinde puniantur atque latrones* (Dig., XLVII, 16).

Le recéleur était donc puni de la même peine que l'auteur même du crime ; et le droit romain ne se bornait pas à prononcer contre les complices, quels qu'ils fussent, *la même espèce* de peine, mais il leur appliquait la même peine, *quant à la durée, quant à la quotité.*

Remarquons, toutefois, une double exception à la règle d'assimilation de peine, à propos de la complicité fictive : *frater autem ejus qui cognoverat tantum, nec patri indicaverat, relegatus est ; et medicus supplicio affectus* (2, Dig., XLVIII, 9). Le fils qui n'avait pas cherché par sa révélation à empêcher le meurtre de son père, bien que très-coupable, l'était cependant moins que son frère le parricide, et peut-être moins aussi que le médecin, dont la conscience n'avait pu être troublée ni égarée par les mêmes sentiments. Aussi, quoique à Rome l'échelle des peines fût à peu près ignorée, on avait senti la nécessité d'établir une différence entre le fils coupable seulement de non-révélation et le fils dénaturé qui avait poussé la criminalité jusqu'au parricide : le premier n'était condamné qu'à la relégation ; le second subissait la peine des parricides ; celui-ci, cousu dans un sac avec un chien, un coq, une vipère et un singe, renfermé dans cette prison venimeuse, était, suivant la nature des lieux, jeté dans la mer ou dans un fleuve, afin que l'usage de tous les éléments commençât à lui manquer même avant sa mort, que le ciel fût dérobé à ses yeux, et la terre à son cadavre (Inst. de Just., IV, 18, § 6).

Une autre exception au principe de l'assimilation des peines entre les complices et les auteurs est relative aux complices des coupables qui se sont injustement emparés des terrains abandonnés par le Nil : les auteurs principaux sont condamnés au supplice du feu, les complices à la déportation.

Relativement au crime de rapt, les commentateurs constatent encore une sorte de gradation dans la

peine : les complices et les auteurs de ce crime sont,
les uns et les autres, condamnés à la peine capitale;
mais, seuls, les biens des auteurs sont confisqués
(1, § 2, Code, IX, 13).

Il nous reste à faire une remarque qui a trait à la
complicité par recel. La loi I, *de receptatoribus*, pose
en principe l'assimilation absolue du recéleur à l'auteur, au point de vue de la peine. Mais la loi II, dans
l'hypothèse particulière où le recéleur est parent de
l'auteur, se montre indulgente à son égard ; c'est
qu'alors elle trouve, et avec grande raison, un motif
puissant d'atténuation dans le lien de parenté qui unit
les deux complices ; on ne saurait, sans se mettre en
opposition avec les sentiments les plus sacrés, décider
le contraire. Ainsi, sauf exception, nous devons poser
comme règle générale l'assimilation, chez les Romains,
de la pénalité entre les complices auxiliaires et les
auteurs principaux d'un même crime ou d'un même
délit.

Nous terminerons l'étude trop rapide de cette intéressante matière par l'examen de quelques questions accessoires qui ne laissent pas d'offrir un vif
intérêt dans ce sujet si délicat de la complicité.

Et d'abord, le complice peut-il être poursuivi sans
que l'auteur principal le soit ? Si un esclave, un fils ou
une épouse soustrait frauduleusement quelque objet
à son maître, son père ou son mari, quoiqu'il y ait
vol dans la nature des choses, l'*actio furti* ne saurait
être exercée contre eux, *Furti actio non nascitur,
quia nec ex alia ulla causa potest inter eos actio nasci*
(Inst., IV, I, § 12). Mais si une personne étrangère
se rend complice de ce vol, pourra-t-elle être pour-

suivie ? A consulter les Institutes, on devra répondre affirmativement : *Si vero ope, consilio alterius, furtum factum fuerit, quia utique furtum committitur, convenienter ille furti tenetur, quia verum est ope, consilio ejus, furtum factum esse.* Cette solution est confirmée par plusieurs autres textes, et notamment par la loi XXXVI, § 1, au Digeste, *de furtis*, en ces termes : *Item placuit eum qui filio, vel servo, vel uxori opem fert furtum facientibus, furti teneri, quamvis ipsi furti actionem non conveniantur.*

Quand une épouse dérobait frauduleusement quelque objet à son mari, on n'était pas d'accord sur la qualification de vol donnée à la soustration frauduleuse. Nerva et Cassius pensaient qu'il n'y avait point de vol, *quia societas vitæ quodammodo dominam eam faceret.* Sabinus et Proculus regardaient, au contraire, l'épouse comme s'étant rendue coupable de ce délit ; mais ils refusaient contre elle l'exercice de l'*actio furti :* « *Nam et in honorem matrimonii turpis actio adversus uxorem negatur* » (1 et 2, Dig., XXV, 2).

Cette dernière opinion, d'après la décision des Institutes et de la loi LVI, *de furtis*, avait, paraît-il, prévalu d'une façon absolue, et ce fut avec raison, suivant nous ; car le motif qu'invoquaient Nerva et Cassius était purement illusoire, puisqu'il n'empêchait pas l'*actio rerum amotarum* de s'exercer contre la femme.

Une question que l'on discute fort dans notre législation française actuelle est celle de savoir si le complice doit subir l'influence des circonstances aggravantes *inhérentes au fait lui-même*, ou même *personnelles* à l'auteur principal, et aggravant ainsi en ce dernier cas le crime commis. La jurisprudence romaine s'était occupée également de cette question, et avait cru devoir la résoudre dans le sens de l'affirmative, sans aucune distinction. Quant aux qualités personnelles à l'auteur principal, la loi VI, *de parricidiis*, ne laisse aucun doute : *Utrum qui occiderunt parentes, an etiam conscii, pœna parricidii adficiantur quæri potest? Et ait Abœcianus etiam conscios eadem pœna adficiendos, non solum parricidas : proinde conscii etiam extranei eadem pœna adficiendi sunt.*

Au titre *de pœnis*, nous voyons la confirmation de cette théorie, que suivait la jurisprudence aussi bien pour les circonstances matérielles que pour les qualités personnelles d'où dérivait l'aggravation. La loi XVI, en effet, après avoir énuméré les divers modes de délit et les divers moyens d'y participer, ajoute : *Quosque alios suadendo juvasse sceleris est instar.* Cette même loi énumère plus loin les différentes causes aggravantes qui peuvent se rencontrer dans la consommation d'un crime ; elle énumère ainsi les circonstances de fait, d'exécution, de personne, de lieu, de temps, de qualité : *Sed hæc quatuor genera consideranda sunt septem modis : causa, persona, loco, tempore, qualitate, quantitate, et eventu.*

A Rome, on distinguait plusieurs espèces de vols, et notamment le *furtum manifestum* du *furtum nec manifestum ;* le premier était celui dans lequel on prenait le voleur sur le fait, ou bien une personne encore nantie des objets volés et cherchant à les mettre hors des atteintes de la justice. La *pœna* résultant de l'*actio furti manifesti* était du quadruple, et celle de l'*actio nec manifesti* du double seulement.

Celui qui consentait à emporter un objet volé, celui

qui, par cette assistance volontaire, achevait la consommation de l'acte principal, était assurément complice aux yeux des jurisconsultes romains; par suite,
il était tenu de l'*actio furti nec manifesti;* mais s'il
était pris nanti des objets volés, il subissait les conséquences de l'*actio furti manifesti.*

Ici se terminera l'esquisse rapide que nous avons
essayé de tracer sur cette partie intéressante et quelquefois confuse de la législation romaine; les différents
textes que nous avons cités suffisent à nous démontrer
qu'à Rome on ne connaissait point une échelle fixée,
déterminée, dans les peines. La plupart du temps, la
pénalité était arbitraire, et la proportion que la science
rationnelle exige si impérieusement entre le délit et la
peine était, sauf de rares exceptions, méconnue par
ce peuple romain, qui pourtant possédait à un si haut
degré le sentiment du droit, que ses erreurs, même
les plus graves et les plus injustes, exercèrent pendant
de longs siècles une regrettable influence sur notre
droit ancien, non-seulement en France, mais aussi sur
la plus grande partie des nations européennes. Il sem-
blait, aux yeux de l'ancien monde, que Rome ne pût
pas se tromper !

DROIT FRANÇAIS.

—

CHAPITRE III.

Coup d'œil général sur l'histoire du droit en matière de complicité.

La voix du présent n'est souvent que
l'écho des siècles passés.
(GRATIXA.)

L'idée de punir tous ceux qui participent à une action coupable, et de leur donner un nom qui indique leur part de culpabilité, est une de ces pensées que l'on retrouve dans toutes les législations, dans tous les âges L'opinion publique a toujours flétri comme les coupables eux-mêmes ceux qui ont participé à leur crime ou à leur délit.

Les Grecs punissaient les complices ; les traditions que nous ont transmises leurs poètes et leurs orateurs ne peuvent laisser de doutes à cet égard.

Nous savons que le peuple romain avait, lui aussi, prévu la complicité. Nous ne reviendrons pas sur ce point, puisque nous nous sommes occupé de la complicité en droit romain dans le chapitre II de ce travail.

Au cinquième siècle, sous Honorius, les plus belles provinces de l'empire furent envahies par les barbares. A ce moment apparut le royaume des Wisigoths, qui s'étendait depuis les rives de la Loire jusqu'en Espagne ; c'était la puissance la plus considérable qui se fût élevée sur les débris de l'ancien monde.

Au vi° siècle, l'unité se fit chez cette nation ; il n'y eut plus alors deux législations distinctes divisant le royaume, mais une seule loi, unique et souveraine, qui, rédigée successivement par différents princes, nous a été conservée et transmise dans la collection que nous devons aux soins et aux travaux d'Isidore de Séville, évêque et savant distingué. C'est la peine du wergeld qui domine dans les lois barbares et dans la loi des Wisigoths, non moins que dans les législations des autres peuples de cette époque. On tarife l'action criminelle, et l'on donne satisfaction à l'offensé au moyen des amendes ; c'est en deniers, en *solidi*, que l'on mesure la responsabilité des coupables. Le système pénal se résume dans cette seule peine, le wergeld ; la complicité et le crime principal ne font, pour ainsi dire, qu'une seule et même chose. Toutefois certaines exceptions surgissent çà et là au milieu de cette barbarie ; cet honneur revient surtout à la loi wisigothe, qui, dans nombre de cas, abandonne le système de l'assimilation et cherche à analyser un fait purement moral de responsabilité. Comme exemple de complicité reconnue par la loi wisigothe, nous citerons la disposition condamnant la personne qui a été chercher un breuvage devant procurer l'avortement, à deux cents coups si c'est une esclave, et à l'esclavage si c'est une femme libre. D'après une autre disposition de cette même loi, le mari qui a ordonné ou permis le crime est puni de la même peine que la mère qui a tué son enfant, c'est-à-dire de la peine de mort ou de la privation de la vue, au choix du juge.

Le recel était puni par la législation wisigothe; la peine variait selon que le recéleur représentait ou ne représentait pas les coupables qui s'étaient réfugiés chez lui; au dernier cas, il y avait assimilation de peine entre le recéleur et l'auteur du crime. Le recel des choses entraînait la même peine que le recel des personnes. Le recéleur devait indiquer ses complices. Malgré la sévérité excessive de la loi wisigothe en matière de recel, la connaissance du vol ou de la qualité des personnes était impérieusement exigée chez le recéleur. Les dispositions de cette loi dérivent, en grande partie, de la vieille législation gothique. On doit dire cependant que le droit romain ne demeura pas complétement étranger aux lois des Wisigoths. La loi salique appliquait, sans aucune restriction, le principe du tarif en matière criminelle, système de pénalité qui était, du reste, généralement suivi dans les lois germaniques.

Une des dispositions les plus intéressantes de la loi salique suppose un marché intervenu entre deux personnes, et ayant pour but le meurtre d'une troisième. D'après ce marché, l'une des deux premières personnes doit payer la seconde, qui, moyennant la remise de deniers, doit se charger de l'exécution du projet criminel. Nous trouvons certes là un cas de complicité morale, un auteur intellectuel à côté d'un auteur matériel. Que décide la loi salique ? Elle déclare coupables au même degré la personne qui a payé et la personne qui a reçu, la personne qui a servi d'intermédiaire entre les deux contractants, et elle les punit toutes du même châtiment (loi III, *in fine*, tit. xxx; Canciani, p. 144). Dans le cas d'un partage en matière de rapt, elle prononce encore l'assimilation de peine ; elle rend tous les membres d'une centaine solidairement responsables les uns des autres pour la réparation du dommage causé par le fait de l'un d'eux, et, lorsque, dans un festin où sept convives seulement sont assis à la table d'un banquet, un meurtre a été commis, elle oblige les convives à payer la composition ou à livrer le meurtrier. Sous la législation germanique, les méfaits étant taxés à prix d'argent, la responsabilité disparaissait ainsi devant la fortune la plupart du temps.

Le droit féodal a subi l'influence de ce système de solidarité dans les peines adoptées par la loi salique : il établissait, en effet, que les seigneurs et leurs vassaux seraient solidaires dans leurs actes, et nous voyons que, quand un méfait était commis par l'un d'eux, tous les membres de la seigneurie étaient tenus de le réparer ou de livrer le coupable : c'est bien là une trace profonde de l'influence germanique. Les lois anglo-saxonnes, qui nous ont été rapportées par Canciani, établissent un partage extrêmement bizarre entre les divers personnes qui peuvent être responsables d'un crime (Canciani, *Leges Ælfredi*, loi XIX). Aussi les dispositions de ces lois relatives à la complicité sont beaucoup moins nettes que celles de la loi salique.

Le droit gallois (Code vénédotian) distingue avec beaucoup de justesse la complicité morale et la complicité physique; il contient même une énumération limitée des cas de complicité, fort curieuse, mais que nous ne pouvons examiner dans ce travail. Après ce coup d'œil rapide sur l'époque barbare, nous arrivons aux coutumes et ordonnances qui se sont occupées de notre matière.

C'est en l'an 1200 que les premiers commentateurs de notre droit coutumier commencent à paraître. Jusqu'au xi° siècle, il n'avait existé, pour ainsi dire, aucun code de lois; jusque-là, les actes que l'on décorait du nom de code n'étaient que des règlements établis. La seule loi, la véritable loi, était la volonté du seigneur, qui rendait la justice sur ses domaines; l'uniformité de plusieurs de ces sentences seigneuriales rendues dans le même sens constitua ce que l'on appela le droit coutumier. Au xiii° siècle, époque où la puissance féodale était arrivée à son apogée, il n'y avait guère que deux crimes prévus et punis : c'étaient le meurtre et la trahison. Quant à la procédure criminelle, elle consistait dans les formalités du duel judiciaire, que l'on appelait le jugement de Dieu. C'est par suite de cette absence de lois et de principes véritables que les Capitulaires de Charlemagne ne soumettent la matière de la complicité à aucune règle générale, à aucun principe fixe et certain.

Saint Louis fit, le premier, l'essai de lois écrites, dans ses Établissements, en 1270; mais il s'inspira des principes du droit romain, et punit des mêmes peines le complice et l'auteur principal; quelquefois même il punit le premier plus sévèrement que le second. Ce

monarque déclare que « si aucuns ou aucunes tenoit
» compagnie aux meurtiers, qui les consentissent,
» et ne emblasent rien, si leur feroit len autretant de
» peine, comme si eus l'eussent emblée. » On a fait
observer que les Établissements de saint Louis punissaient plus sévèrement que les malfaiteurs eux-mêmes
les femmes vivant avec eux : car, d'après une note
de Laurière, les larrons devaient être pendus, tandis
que leurs compagnes devaient être brûlées. Cependant nous ne pensons pas qu'il faille induire de ce fait
particulier que les complices étaient punis en général
plus sévèrement que les auteurs principaux : en con-
cluant ainsi du particulier au général, on courrait grand
risque de se tromper. Notre législation pourrait bien,
dans l'avenir, être l'objét des mêmes reproches et
d'une semblable interprétation : car, si l'on compare
les art. 337 et 338 du Code pénal, on remarque que le
complice de la femme adultère est frappé d'une peine
plus forte que la femme auteur du délit d'adultère.
Cette dernière n'encourt que la peine de l'emprisonnement, le complice celle de l'emprisonnement et de
l'amende.

Beaumanoir, au chapitre **XXXI** de son Commen-
taire de la Coutume de Beauvaisis, définit la complicité
de la manière suivante : « Chil qui reçoit le chose
» emblée a essient et sait que ele fut emblée, et chil
» qui le pourchasse à embler et chil par quel consen-
» tement, et chil qui partist à le chose emblée tout ne
» peust il pas au larrecin fere, tint chil sont coupable
» dou fait aussint bien comme se il l eussent esté et
» doivent être justiciés pour le fet quant il en sont
» atins. » Un peu plus loin, il ajoute : « Il est resons

» que chil soit coupable dou larrecin qui en fet fouir
» les bestes d'aucuns à essient en tel lieu que ses
» compains le puist embler, ou qui donne lieu au lar-
» recin fere : si come aucuns de ma mesnié ouvre
» l'huis aux larrons. »

Au milieu de ces exemples, qui ne suffisent point à
donner une idée complète de la complicité, ce qu'il
importe de remarquer, c'est l'assimilation constante
des complices d'un même délit : c'est là le principe
qui domine notre matière dès les origines de notre
législation coutumière. Beaumanoir considérait le
recel comme un fait de complicité ; voici ce qu'il nous
dit à ce sujet : « Chil est bien attains de receler larrecin
» contre qui il est prouvé que il prist louier de garder
» à autrui che que il savoit qui estoit emblé à autrui
» personne que à cheli qui lui bailla, ou l'acheta à
» meure pris la moitié que elle ne valoit et bien savoit
» que la chose estoit à autrui que à cheli qui la ven-
» doit, et pour che doit il estre punis dous fet. » D'après
ce texte, celui-là même est puni comme recéleur qui
achète pour son propre compte une chose qu'il sait
avoir été volée ; mais en même temps, Beaumanoir
exige formellement la connaissance du délit chez le
recéleur. Celui-ci, d'ailleurs, n'était point dépourvu de
certains moyens pour se disculper et rejeter toute la
responsabilité du délit sur son auteur : « Quant tel cas
» avient, si chil qui est pris à tout le larrecin peut
» trouver son garant qui li bailla, il est délivrés, et il
» ne puet si comme se il s'en est fuis, ou se il est en
» lieu ou il ne puisse être justiciés, bonne renommée
» puet bien aidier à cheli qui est pris à tout la chose
» emblée... si comme se il dit le lieu là où il estoit

5

» quant li larrecin fut fet et le prueve, et l'on voit que
» che fu en tel lieu que il ne peust pas fere le lar-
» recin. »

C'est encore Beaumanoir, qui, se moquant de la bru-
tale justice de son époque, rapporte comment un
pèlerin, étant venu s'asseoir auprès d'une caverne
où se trouvaient des brigands réunis en bande, fut
pris avec eux et pendu avec eux, parce que l'on ne
voulut jamais croire qu'il ne fît point partie de l'association, « qu'il ne fût pas complice, et encore, le
pire, pour ce qu'il faisait le pèlerin. » Ceci se passait
en 1273.

Jean Bouteiller, à une époque de la législation beaucoup plus avancée, consacre à la complicité tout un
chapitre de son grand Coutumier : il la définit d'une
façon beaucoup plus précise que ses devanciers ; il
détermine avec une égale netteté et la participation
morale et la participation physique ; il s'attache à
rechercher s'il y a eu connaissance de cause, s'il y a
eu intention de la part de ceux qui sembleraient devoir
être enveloppés dans une même accusation.

Mais le pouvoir royal grandissait peu à peu; en se
consolidant, il dominait les justices seigneuriales, et
les édits du roi, devenu grand justicier en même
temps que législateur, donnaient à la complicité les
mêmes caractères que les anciennes coutumes, intro-
duisaient dans les lois pénales une rigueur plus grande
même que par le passé, poursuivaient des peines les
plus sévères ceux qui s'étaient rendus coupables du
crime de lèse-majesté, et déclaraient complices ceux
qui avaient eu connaissance de ces crimes sans les
révéler.

Enfin survient Louis XI, qui, toujours poursuivi par l'idée de la mort et des complots, croyant sans cesse ses jours menacés par quelque trame secrète, dévoré par l'inquiétude et les remords derrière les barreaux de fer de sa forteresse de Plessy-les-Tours, rend en 1477 un édit contre la non-révélation des crimes dé lèse-majesté, édit qui fut appliqué pendant long-temps dans toute sa sévérité. C'est pour l'application de cet édit en particulier que l'on recourait aux tortures de la question qui devaient arracher les aveux des complices. « Toutes personnes, disait Louis XI
» dans son édit sur la non-révélation, qui dores en
» avant sçauront ou auront connoissance de quelques
» traités, machinations, conspirations et entreprises
» qui se fairont à l'encontre de notre personne, de notre
» très-chère et aimée compagne la reyne, de notre
» très-cher et aimé fils de Dauphin de Viennois, et de
» nos successeurs roys et reynes de France et de leurs
» enfants, aussy à l'encontre de l'état de seureté de
» nous ou d'eux et de la chose publique et de notre
» royaume, soient tenus et réputés crimineux du crime
» de lèze majesté, et punis de semblable peine et de
» pareille punition que doivent être les principaux auc-
» teurs, conspirateurs et fauteurs et conducteurs des-
» dits crimes, sans exception ni réserve de personne
» quelconque. »

Du xive siècle au xviie, un besoin extrême du réta-blissement de l'ordre se fait sentir dans toutes les parties de l'État; les lois pénales deviennent barbares, sauvages. Dans cette situation, François Ier juge à propos d'établir la procédure secrète qui place à côté de l'accusé quatre personnes avec une mission diffé-

rente : le juge pour interroger, le bourreau pour tor-
turer, le greffier pour enregistrer les cris de douleur
appelés aveux , et le chirurgien juré consultant le pouls
de la victime pour dire au juge et au bourreau :
« Assez, assez, à une autre fois ; le patient en mour-
rait ! » Et dire que le cri de Dumoulin contre l'ordonnance impie qui avait créé cette procédure abominable
est resté longtemps sans écho , et qu'il a fallu plus de
deux siècles pour qu'il fût entendu et compris du pouvoir comme des masses !

A l'imitation de Louis XI, François Iᵉʳ rendit une
ordonnance sur la non-révélation, à Châtillon-sur-
Loing, le 9 mai 1530 : « Semblablement défendons,
» dit ce souverain, très-expressément par ces dites
» présentes à toutes personnes, de quelque estat ou
» condition qu'ils soient, de recevoir... telle manière
» de gens : ainsi si tost que telles personnes seront
» venues à leurs cognoissance et notice, ils le nous
» viennent remonstrer et declarer... sur peine d'estre
» dits complices et fauteurs des autres et d'estre
» punies de pareille et semblable peine. »

En 1525, le même monarque avait déjà rendu une
ordonnance d'après laquelle ceux qui fourniraient aux
prisonniers des ferrements ou autres instruments à
l'aide desquels ils auraient fait quelque démolition
pour s'enfuir subiraient la même peine que s'ils
avaient eux-mêmes brisé les prisons ou enlevé les
accusés d'entre les mains de leurs gardiens.

En 1550, François II publia une ordonnance qui
prescrivait aux parents de livrer leurs parents condamnés qui se seraient réfugiés chez eux, sous peine
d'être déclarés complices. Enfin l'ordonnance de Blois,

en 1579, confirma les anciens édits sur le crime de non-révélation et sur les complices de ce crime.

Suivant les ordonnances du 30 août 1536, d'Henri II en 1550, de Blois en date du 8 décembre 1660, il est enjoint à toutes personnes de sonner le tocsin, s'assembler et courir sus à ceux qui auront fait quelques meurtres, séditions, vols et méfaits, et de donner aide, secours et main-forte aux huissiers, sergents qui les veulent prendre pour les mettre entre les mains de la justice, les arrêter quand ils se battent avec armes et bâtons, et il est défendu de donner aucune retraite aux voleurs, meurtriers, malfaiteurs, prévenus de crimes, et autres vagabonds, *à peine d'être déclarés complices et punis comme tels*, et leur est enjoint de les dénoncer *au procureur fiscal.*

L'ordonnance de 1670, relative au crime de duel, « prohibe les lettres d'abolition pour les duels et as-
» sassinats, tant aux principaux auteurs qu'à ceux qui
» les auraient assistés, ni à ceux qui, à prix d'argent
» ou autrement, se louent ou engagent pour tuer ou
» traquer et excéder, ni à ceux qui les auront loués
» ou indultés pour ce faire, encore qu'il n'y ait eu que
» la seule machination ou attentat, et que l'effet n'en
» soit ensuivi. » Un édit d'août 1670 dispose, sur la même matière, que « tous ceux qui tomberont dans le
» crime d'être second, tiers ou autre nombre égale-
» ment, soient punis des mêmes peines que nous
» avons ordonnées contre ceux qui les emploieront. »

Le duel était donc considéré comme un crime par ces actes royaux, et les complices assimilés aux duellistes eux-mêmes.

Le chancelier de l'Hospital, effrayé lui aussi des dé-

sordres et des crimes qui ensanglantaient si fréquem-
ment le sol de la France, ordonnait aux bourgeois de
veiller eux-mêmes à la sûreté publique, de tendre les
chaînes dans les rues, de s'emparer des malfaiteurs et
des criminels, de les tuer ou de les livrer aux mains de
la justice, « sur peine d'en respondre comme complices, faulteurs et adhérans en leurs propres et pri-
vez noms, envers ceux qui auront receu l'offence, l'in-
jure et l'outraige. »

En ce qui touche la complicité spéciale du recel,
nous citerons un édit de 1546 (art. 2), qui condamne
au gibet celui qui recueille et recèle un homme saisi
les armes à la main ; ajoutons que, suivant la loi pénale de cette époque, celui qui achète pour le revendre
le gibier tué en fraude des lois sur la chasse est puni
de la même peine que le coupable lui-même.

Sous Louis XIII, les anciens édits sur la non-révélation subsistent encore ; aucune amélioration ne se
produit dans les lois criminelles ; c'est toujours la
même barbarie, le même mépris des règles de la justice. Au xviiie siècle, Muzard de Vouglans soutenait
encore la doctrine de la complicité par non-empêchement !

C'est sous la prévention de complicité par non-empêchement que l'infortuné conseiller de Thou fut en-
voyé à la mort ; et lorsque la tête de l'illustre magistrat
eut roulé sur l'échafaud, on entendit vainement la voix
de Voltaire crier ces mots qui devaient passer à la
postérité : « Cet homme n'était coupable ni devant
Dieu ni devant les hommes ! » Le cri de Voltaire ne
fut pas entendu ; on resta sourd à sa voix, de même
que l'on avait refusé d'écouter Dumoulin lorsqu'il

s'écriait à propos de la procédure secrète : « *Vide ty-*
» *rannicam impii Poyeti opinionem, vide durítiam*
» *iniquissimam per quam etiam aufertur defensio;*
» *sed nunc judicio Dei justo redundat in auctorem!* »

Seule, la révolution de 1789 fut assez puissante pour
faire disparaître à jamais la théorie de la complicité
par non-empêchement, qui avait trop longtemps servi
d'instrument à la vengeance et à l'iniquité.

Au XVII° siècle, les criminalistes les plus distingués
furent Hugues Grotius, Jousse, Domat. Dans les décisions du jurisconsulte Jousse sur la matière qui nous
occupe, on aperçoit une profonde connaissance de la
science juridique, et ses ouvrages ont servi de base et
de point de départ à beaucoup de dispositions de notre
législation actuelle. Hugues Grotius apprécie la culpabilité du complice au point de vue de la conscience, et
non au point de vue de la responsabilité : victime lui
aussi des préjugés de son temps, il admettait la complicité par non-empêchement.

Mais les considérations auxquelles il se livre sur la
complicité sont des plus élevées ; aussi croyons-nous
intéressant de citer quelques passages de ces deux jurisconsultes, qui, malgré leurs erreurs, communes à
tant de bons esprits du XVII° siècle, méritent toute
notre attention.

Hugues Grotius (*Droit de la guerre et de la paix*,
liv. II, chap. XXI, § 3), s'exprimait de la façon suivante : « Ceux qui commandent une action mauvaise,
» ceux qui y consentent, lorsque leur consentement
» était nécessaire pour la commettre ; ceux qui four-
» nissent quelque secours à l'auteur de l'action ou qui
» lui donnent retraite, ou qui ont part au crime de

» quelque autre manière; qui conseillent le crime,
» ceux qui le louent, ou qui flattent la personne qu'ils
» voient tentée de le commettre; ceux qui, pouvant et
» devant l'empêcher en vertu d'une obligation, pro-
» prement ainsi nommée, ne le font pas, ou qui,
» étant dans une semblable obligation de secourir
» une personne à qui l'on fait du tort, la laissent
» impunément insulter; ceux qui négligent de dis-
» suader, comme ils y étaient obligés, l'auteur de
» l'action mauvaise; ceux qui gardent le silence sur
» un crime qu'ils étaient tenus de révéler : tous ceux-
» là peuvent être punis, s'il y a eu dans leur fait une
» malice assez grande pour les rendre dignes de pu-
» nition. »

Jousse, dans son *Traité de la justice criminelle de
France* (t. I, p. 20 et suiv.), nous dit que l'on peut
être complice d'un crime de plusieurs manières :

1° En y coopérant et prêtant secours ;

2° En obligeant, persuadant ou en gageant de le
commettre, soit par ordre, ou conseil ou mandat ;

3° En y adhérant, après qu'il est commis, soit par
applaudissement ou par récompense, ou en partageant ou recélant ce qui en provient, tel que des
effets volés, ou bien en facilitant l'évasion et la fuite
du coupable, ou en lui donnant retraite pour le dérober aux poursuites de la justice ;

4° C'est encore participer en quelque sorte à un
crime que de ne pas l'empêcher en le révélant, lorsqu'on sait que quelqu'un prend des mesures pour le
commettre, surtout lorsqu'il s'agit d'un crime qu'il
est intéressant pour l'État de ne pas laisser commettre;

5° On regarde comme complices, en matière d'écrits

et libelles , ceux qui les impriment ou qui les vendent ou débitent, ou qui les rendent publics de quelque autre manière que ce soit.

En ce qui concerne la coopération au crime, Jousse faisait une triple distinction :

Avant le crime, en prêtant les armes , le poison, les ferrements , l'échelle ou autres instruments nécessaires pour le commettre ;

En prêtant son cheval , son domestique ou autres personnes pour en faciliter l'exécution ;

En offrant sa maison pour y commettre le crime ou à l'effet d'y délibérer sur les mesures nécessaires à son exécution, ou pour y recevoir le coupable ;

En s'associant avec celui qui doit commettre le crime, afin d'empêcher que quelqu'un ne le détourne de le mettre à exécution ;

En montrant au meurtrier la maison de celui qu'on veut tuer, pour lui faciliter l'exécution du crime ;

En retenant celui qu'on doit mettre à mort jusqu'à l'arrivée de celui qui doit le tuer ;

En portant des lettres qui contiennent des mesures et des complots touchant le crime ;

Et, enfin, en gardant les hardes et bagages de ceux qui doivent le commettre ;

En empêchant celui qui est attaqué de se défendre, ou lui ôtant ses armes pour donner plus de facilité à l'agresseur de le tuer ;

En le retenant pour l'empêcher de s'enfuir et d'éviter le coup qu'on veut lui porter ;

En empêchant et écartant ceux qui veulent venir au secours de celui qu'on attaque ;

En tenant l'échelle ou aidant le voleur à monter par-dessus le mur ou à forcer les portes;

En faisant le guet pendant le temps du crime;

Enfin, en assistant le meurtrier par sa présence avec des armes, afin d'intimider la personne attaquée;

Après le crime, en partageant les effets volés; en recélant, cachant chez soi les choses volées; en protégeant le coupable et le cachant dans sa maison; en favorisant sa fuite et empêchant qu'il ne soit arrêté; en l'aidant à enterrer ou cacher le cadavre de la personne homicidée, pour empêcher que le crime ne soit découvert.

A l'époque du jurisconsulte Jousse, les peines étaient barbares, excessives; elles consistaient dans des supplices tels que le feu, la roue, l'écartèlement, l'incision de la lèvre, le percement de la langue avec un fer rouge, la potence, le carcan, l'amputation du poing, etc. Les peines du complice étaient les mêmes que celles des auteurs principaux. Jousse et Domat sont d'accord sur cette assimilation de pénalités (1).

Au XVIIIe siècle, Montesquieu, Filanghieri, Beccaria, luttent avec énergie contre les anciens édits, et s'efforcent de faire triompher l'humanité et le bon sens. « L'extrême sévérité des lois, écrit Montesquieu, nuit » souvent à leur exécution; » et plus loin, il ajoute : « Plus les gouvernements sont animés de l'esprit de liberté, plus les peines y sont douces. » Dans l'*Esprit des lois*, Montesquieu, parlant de la loi qui confond le recéleur avec le voleur, s'exprime en ces termes : « Les lois grecques et romaines punissaient le recéleur

_____

(1) Voir Domat, *Legum delectus*, t. II, liv. III, tit. VII.

du vol comme le voleur ; la loi française fait de
même. Celles-là étaient raisonnables , celle-ci ne
l'est pas. Chez les Grecs et les Romains, le voleur était
condamné à une peine pécuniaire ; il fallait punir le
recéleur de la même peine, car tout homme qui con-
tribue, de quelque façon que ce soit, à un dommage,
est tenu de le réparer. Mais, parmi nous, la peine du
vol étant capitale, on n'a pu, sans outrer les choses,
punir le recéleur comme le voleur. Celui qui reçoit le
vol peut, en mille occasions, le recevoir innocemment.
Celui qui vole est toujours coupable ; l'un empêche la
conviction d'un crime déjà commis, l'autre commet ce
crime ; tout est passif dans l'un, il y a une action dans
l'autre. Il faut que le voleur surmonte plus d'obstacles
et que son âme se raidisse plus longtemps contre les
lois. Les jurisconsultes ont été plus loin : ils ont regardé
le recéleur comme plus odieux que le voleur ; car,
sans lui, disent-ils, le vol ne pourrait être caché longtemps. Cela, encore une fois, pouvait être bon quand
la peine était pécuniaire ; il s'agissait d'un dommage,
et le recéleur était ordinairement plus en état de le
réparer ; mais, la peine devenue capitale, il aurait fallu
se régler sur d'autres principes. »

Le célèbre Beccaria commence à son tour la lutte,
et ses écrits sont bientôt traduits dans toutes les langues : il établit le système de la *distinction* entre les
complices d'un même délit ; il combat dans un superbe
langage le système de l'*assimilation*, qui a toujours
prévalu dans nos lois pénales : « Lorsque plusieurs
hommes, dit-il, s'unissent pour affronter un péril
commun, plus le danger sera grand, plus ils cherche-
ront à le rendre égal pour tous. Si les lois punissent

plus sévèrement les exécuteurs du crime que les simples complices, il sera plus difficile à ceux qui méditent un attentat de trouver parmi eux un homme qui veuille l'exécuter, parce que son risque sera plus grand, en raison de la différence des peines. » (Beccaria, *Des Délits et des Peines*, chap. XIV.)

Le législateur de cette époque, placé entre l'ancienne tradition et la théorie nouvelle des publicistes, crut devoir, malgré ses excellentes intentions, consacrer le système de l'assimilation non-seulement pour le choix de la peine, ce que la science rationnelle admet, mais aussi *pour la mesure* de la peine : on en revient de la sorte au droit romain, aux édits et aux ordonnances.

L'article 1er du Code pénal de 1701, 2ᵉ partie, titre III, est ainsi conçu :

« Lorsqu'un crime aura été commis, quiconque sera
» convaincu d'avoir par dons, promesses, ordres ou
» menaces, provoqué le coupable ou les coupables à
» le commettre; ou d'avoir sciemment, et dans le des-
» sein du crime, procuré au coupable ou aux coupa-
» bles les moyens, armes ou instruments qui ont servi
» à son exécution ; ou d'avoir sciemment, et dans le
» dessein du crime, aidé et assisté le coupable ou les
» coupables, soit dans les faits qui ont préparé ou
» facilité son exécution, soit dans l'acte même qui l'a
» consommée, sera puni de la même peine prononcée
» par la loi contre les auteurs dudit crime. »

Ce Code, comme on le voit, ne fait aucune distinction entre les coauteurs et les complices auxiliaires ; ils sont tous rigoureusement frappés de la même peine ; mais ce système pénal de 1701 a l'avantage

d'offrir une détermination précise de tous les cas de complicité punissables ; l'article 2 en achève l'énumération : « Lorsqu'un crime aura été commis, qui-
» conque sera convaincu d'avoir provoqué directement
» à le commettre, soit par discours prononcés dans
» les lieux publics, soit par placards ou bulletins
» affichés ou répandus dans lesdits lieux, soit par des
» écrits rendus publics, soit par la voie de l'impression,
» sera puni de la même peine prononcée par la loi
» contre les auteurs du crime. »

Le législateur de 1701 parle seulement de la complicité en matière de crimes ou délits ; il ne s'occupe point de la complicité en matière de contravention, mais cette lacune fut suppléée par la jurisprudence.

Le recel n'était puni et assimilé à la complicité qu'en matière de vol, et c'est dans l'article 3 ci-dessous que la loi de 1701 s'occupe de ce point.

Art. 3. « Lorsqu'un vol aura été commis avec l'une des circonstances spécifiées au précédent titre, quiconque sera convaincu d'avoir reçu gratuitement, ou acheté, ou recélé tout ou partie des effets volés, sachant que lesdits effets provenaient d'un vol, sera réputé complice, et puni de la peine prononcée par la loi contre les auteurs dudit crime. »

D'après les termes de cet article, toutes les circonstances essentielles doivent être rapportées au jugement : c'était là une garantie qu'augmenta le Code de brumaire an IV (art. 373 et 374), en nécessitant des réponses distinctes sur le fait et sur la moralité : on dut, dès lors, poser formellement aux jurés la question d'intention.

Quant à la question si grave des circonstances aggravantes, elle était résolue, sous l'empire de la loi de 1701, dans le sens le plus rationnel et le plus sage, c'est-à-dire dans le sens de la nécessité de la connaissance de ces faits par les complices.

A propos du recel, nous croyons devoir mentionner l'article 4 du Code de 1791 qui punissait d'une peine spéciale le recel du cadavre d'une personne assassinée, mais qui n'en faisait nullement un cas de complicité. Cet article s'exprime en ces termes : « Quiconque sera convaincu d'avoir caché et recélé le cadavre d'une personne homicidée, encore qu'il n'ait pas été complice d'homicide, sera puni de la peine de quatre années de détention. »

Le Code pénal de 1701 avait donc déterminé d'une façon nette et précise les cas de complicité ; il avait aussi facilité la tâche des magistrats et mis un terme à l'arbitraire : en cela consistent son seul progrès et son seul avantage. Mais la mesure des degrés de culpabilité et de responsabilité était rejetée bien loin par une loi qui reposait entièrement sur le système d'assimilation la plus absolue.

CHAPITRE IV.

§ I.

C'est dans l'article 60 que le législateur de 1810 a déterminé les actes constitutifs de la complicité. Voici cet article : « Seront punis comme complices d'une
» action qualifiée crime ou délit, ceux qui, par dons,
» promesses, menaces, abus d'autorité ou de pouvoir,
» machinations ou artifices coupables, auront provo-
» qué à cette action, ou donné des instructions pour
» la commettre ; ceux qui auront procuré des armes,
» des instruments ou tout autre moyen qui aura servi
» à l'action, sachant qu'ils devaient y servir ; ceux qui
» auront, avec connaissance, aidé ou assisté l'auteur
» ou les auteurs de l'action dans les faits qui l'auront
» préparée ou facilitée, ou dans ceux qui l'auront con-
» sommée, sans préjudice des peines qui seront spé-
» cialement portées par le présent code contre les
» auteurs de complots ou de provocations attenta-
» toires à la sûreté intérieure ou extérieure de l'État,
» même dans le cas où le crime qui était l'objet des

» conspirateurs ou des provocateurs n'aurait pas été
» commis. »

Nous devons tout d'abord faire une remarque importante sur cet article : c'est que, dans notre loi pénale, l'expression de *complice* a un sens spécial, un sens technique. Quand nous parlions de la complicité au point de vue de la science rationnelle, nous entendions par complice tout agent, quel qu'il fût, qui avait pris part à l'accomplissement d'un crime ou d'un délit ; nous lui donnions ainsi un sens général. Le code pénal de 1810 donne, au contraire, au mot *complice*, un sens restreint ; il l'oppose au mot auteur ou coauteur : par complice, il entend un agent auxiliaire qui a joué un rôle accessoire ; par coauteur ou auteur, il veut désigner un agent principal, qui a participé directement à la consommation de l'acte.

A la simple lecture de l'article 60, il est facile de se convaincre que notre législateur a confondu l'auteur intellectuel et le complice, qu'il met toujours au rang des auxiliaires ; il met sur le même pied le provocateur, c'est-à-dire l'auteur intellectuel, et le simple complice ; il établit entre eux une assimilation complète, et ne considère comme auteur que l'agent principal matériel. Aussi applique-t-il la même peine au provocateur et au complice ordinaire. Dès lors, la définition de l'auteur, dans le système du Code, est très-simple : c'est celui qui, par son propre fait ou par le fait d'un autre, ayant conçu l'idée d'un crime, l'a librement exécuté lui-même. La qualité d'auteur se trouve donc renfermée dans une limite fort étroite. Cette définition rigoureuse ne nous empêchera pas cependant de considérer comme auteur celui qui s'est servi, pour l'exé-

cution de ses projets criminels, non pas de son propre
bras, mais du bras d'un autre, transformé par la terreur ou la folie en un véritable instrument chez qui
toute liberté avait disparu; le seul coupable, le seul
agent responsable, c'est, dans ce cas, celui qui a mis
en mouvement la main du malheureux, qui a frappé
aveuglément la victime. Quant à la qualité de coauteur, nous l'appliquons aux personnes qui se sont
réunies pour accomplir un crime, et chez lesquelles
se trouvent les éléments constitutifs de la qualité
d'auteur.

Aux termes d'un arrêt du 24 août 1827, qui est rap-
porté dans le remarquable ouvrage de M. Blanche,
« celui qui assiste l'auteur d'un délit dans les faits qui
» le consomment, coopère nécessairement à la per-
» pétration de ce délit... *il s'en rend donc coauteur:*
» d'où il résulte que le délit n'est plus le fait d'un
» seul. » Telle est la définition que la Cour de cassation donne du coauteur.

Ainsi, d'après cette doctrine, *l'assistant* est un
coauteur. — Cette opinion est assurément très-con-
testable. Pour que le rôle de l'assistant eût la valeur
d'un acte de coauteur, il faudrait que tous les actes
qui se produisent dans la consommation d'un crime
fussent des actes essentiels et principaux; il faudrait
que le rôle d'assistant eût ce caractère; il faudrait le
prouver; à défaut de cette preuve, il faudrait un texte
formel qui déclarât que tout participant à la consommation d'un crime est coauteur de ce crime. Or ce
texte n'existe pas. L'article 60 est le seul qui s'occupe
de la question; et il donne formellement la qualité de
complice à celui qui a *assisté* l'auteur du crime dans

8

les actes qui l'ont préparé ou facilité, ou dans ceux
qui l'ont consommé. Les données rationnelles repous-
sent la reconnaissance de la qualité de coauteur à l'assistant; d'autre part, le droit pénal est strict de sa
nature ; il serait donc arbitraire de suppléer au texte
qui manque pour attribuer à l'assistant une qualité que
la loi ne lui donne pas. Suivant nous, la qualité de
coauteur ne peut s'appliquer qu'aux agents qui ont
réellement joué le rôle de cause génératrice et principale, d'après les caractères que suppose naturellement
et évidemment cette qualité d'auteur. Quant aux assis-
tants qui n'auront joué qu'un rôle purement auxiliaire, nous les mettrons au nombre des complices,
s'ils rentrent dans la définition que le Code a donnée
de la complicité.

Lorsque deux ou plusieurs individus se liguent pour
commettre un crime, il est certain que leur action
prend un caractère plus grave de culpabilité. Il est
donc fort important de reconnaître le complice de l'auteur ou du coauteur. A ce sujet, M. Rauter s'exprime
en ces termes : « L'auteur du délit est celui qui commet l'acte même du délit, selon la description du
délit faite par la loi : ainsi l'auteur du crime d'incendie
est celui qui a mis le feu ; celui qui a provoqué à cet
acte n'est pas l'auteur de l'incendie ; il en est peut-être
l'auteur accessoire ou l'auteur moral, *auctor intellec-
tualis*, mais il n'en est pas l'auteur matériel ou réel.
L'auteur du délit peut être multiple, c'est-à-dire plusieurs personnes peuvent être ensemble auteurs du
délit ; en ce cas, on les appelle coauteurs ou auteurs
par complicité, ou bien aussi complices, dans le sens
étendu du mot. »

L'article 380 du Code pénal absout le parent ou l'allié coupable de vol contre son parent, et ne punit *le complice* qu'autant qu'il a recélé ou appliqué à son profit tout ou partie des produits du vol. Les *coauteurs* peuvent-ils invoquer le bénéfice de cet article ? La négative nous paraît résulter de l'article 380, qui garde le silence à l'égard des coauteurs ; et, d'ailleurs, ceux-ci n'ont droit à aucune immunité, car ils sont coupables d'un fait qui constitue à lui seul un délit principal (dans ce sens, arrêts de la Cour de cassation, 12 avril 1844, — 23 mars 1845).

Dans le cas où le parent ou l'allié, ayant eu pour coauteurs de son vol des étrangers, a eu un complice, quel devra être le sort de ce complice ?

Ne peut-on pas dire qu'il suffit que le fait de complicité se réfère au vol commis par un parent pour que le délit, abstraction faite des coauteurs qui y ont participé, tombe sous l'application de l'article 380 ? En décidant le contraire, c'est-à-dire en décidant que la complicité doit être jugée comme se référant au délit des coauteurs, abstraction faite du parent ou de l'allié, on aggrave la position du complice ; on lui enlève le bénéfice d'une disposition qu'il aurait pu utilement invoquer, si le délit eût été commis par le parent seul. Or, aucun texte de loi ne lui enlève ce bénéfice, au cas où des étrangers ont coopéré au délit ; en le lui enlevant, on le rendrait victime d'une circonstance qu'il a peut-être ignorée lors de la complicité ou du recel ; enfin on ne tiendrait aucun compte du caractère indivisible du délit.

Pourquoi, en effet, perdre de vue la circonstance de la perpétration du vol par un parent ou allié ? Le com-

plice se trouve-t-il ici dans une catégorie à part ? Sans
doute, la présence des coauteurs peut faire douter
qu'il puisse invoquer l'article 380 ; mais la participation de l'allié ne le ramène-t-elle pas incessamment
sous l'empire du même article ? Dans le doute, et tant
qu'on n'établit pas qu'il a eu connaissance de la part
que les coauteurs ont prise au vol, il semble naturel
qu'il ait dû voir dans ceux-ci des auxiliaires comme
lui, plutôt que des voleurs pour leur propre compte :
l'interprétation la moins rigoureuse doit être appliquée au prévenu. Tel est notre système sur cette
question. La Cour de cassation a jugé dans le sens
opposé par arrêt du 23 mars 1845, toutes Chambres
réunies.

Observons ici qu'il faut bien se garder de confondre
les coauteurs avec les auteurs simultanés. Une association *intentionnelle* doit exister entre les coauteurs ;
elle n'existe pas entre les auteurs simultanés. Ainsi
une personne insulte grossièrement deux jeunes gens ;
ces deux jeunes gens, furieux, se précipitent, sans
s'être concertés à l'avance, sur cet insulteur, ils le
tuent ; certes, ils sont, dans cette hypothèse, auteurs
simultanés, et non point coauteurs, puisqu'il n'y a pas
eu association intentionnelle entre eux. Il est nécessaire de bien faire cette différence entre le cas des
auteurs simultanés et celui des coauteurs : dans le
premier, l'aggravation résultant du fait de l'un d'eux
n'influe pas sur l'autre ; dans le second, l'effet de cette
aggravation se communique aux deux agents.

§ II.

En matière de droit pénal, on ne saurait raisonner par analogie; la loi est de droit strict. C'est en nous conformant à ce principe que nous devons étudier l'article 60. La définition des cas de complicité ne peut être généralisée; la loi n'a point procédé par voie démonstrative, mais bien d'une manière restrictive. Les cas prévus sont limitatifs, les circonstances énumérées sont caractéristiques de la complicité, élémentaires du crime, et la Cour de cassation a toujours été fidèle à ce principe, en déclarant par plusieurs arrêts que la complicité est un fait moral qui ne peut se constituer que par les faits positifs et matériels que le Code pénal a déterminés (2 juillet 1813, 28 juin 1810, 5 février 1824).

Il n'y a donc de complicité légale que dans les hypothèses prévues par l'article 60; et même, dans ces différentes hypothèses, il n'y a de complicité légale qu'autant qu'elles présentent et réunissent toutes les conditions exigées par cet article.

Examinons donc quelles sont les hypothèses prévues par la loi dans l'article 60. Elles sont au nombre de quatre : la provocation, le fait de donner des instructions, celui de fournir des instruments, enfin l'aide et l'assistance dans les actes qui préparent, facilitent ou consomment l'action.

Les actes de participation morale, autres que les instructions et la provocation accompagnée de l'une des circonstances prévues par l'article 60, ne sont donc point des actes de complicité; c'est ainsi que le conseil, le mandat restent impunis : il faut qu'il y ait provocation, dans les conditions déterminées par notre article, pour que l'agent intellectuel tombe sous le coup de la justice ; sinon, quelque immorale, quelque lâche que soit l'instigation, elle ne constitue point la complicité légale.

La Cour de cassation a reconnu parfaitement que tel était le véritable sens de l'article 60, dans ses arrêts du 24 novembre 1800 et 23 juillet 1858. Ainsi la non-révélation d'un crime ou d'un délit, le non-empêchement, la simple connaissance du fait coupable, ne rentrent pas dans les termes de la loi ; de pareilles circonstances ne sont plus, comme autrefois, constitutives de la complicité ; on ne saurait voir des actes d'assistance indirecte dans l'inaction d'une personne qui n'empêche point le crime dont elle est témoin, dans la conduite de celui qui consent au crime, mais qui n'y participe point, ou qui, ayant connaissance du crime qui se trame, ne fait aucun effort pour en empêcher l'exécution ; ni même dans la conduite de celui qui se contente de conseiller un crime sans y prendre part. Telle est la conséquence des termes limitatifs de l'article 60 et des principes rigoureux qui doivent présider à l'interprétation des lois en matière criminelle.

Les principaux caractères de la complicité se reconnaissent à ces circonstances : qu'elle n'est qu'accessoire à un fait principal, qui doit d'abord être reconnu ou constaté ; qu'elle n'a qu'un rôle auxiliaire mais positif, non équivoque, ni alternatif, ordinairement antérieur ou concomitant au délit, et essentiellement intentionnel. Voilà les caractères qui se dégagent nettement des termes de l'article 60.

Un principe certain découle de cet article dès la première phrase de sa rédaction : « seront punis comme complices *d'une action* qualifiée *crime* ou *délit :* » c'est la nécessité d'un acte principal punissable, pour qu'il puisse y avoir des complices. La loi punit *le complice d'une action* (art. 60), c'est-à-dire d'une action réellement accomplie ; dans l'article 59, elle punit les *complices d'un crime ou d'un délit ;* là aussi, elle suppose donc qu'il y a eu perpétration, exécution, accomplissement véritable d'un fait principal. Mais la preuve de la nécessité d'un fait principal, pour qu'il y ait complicité possible, résulte surtout des derniers mots de notre article 60. Après ses définitions de la complicité, qui toutes supposent un crime ou un délit réellement accompli, cet article ajoute : « sans préjudice des peines qui seront spécialement portées par le présent Code contre les auteurs de complots ou de provocation attentoires à la sûreté intérieure ou extérieure de l'État, *même dans le cas où le crime qui était l'objet des conspirateurs ou des provocateurs n'aura pas été commis.* » Il résulte clairement de ces derniers mots qu'en général, et sauf la nature du crime spécial auquel ils sont relatifs, pour qu'il y ait complicité punissable il faut que l'on ait reconnu un fait principal, *un crime ou un délit réellement commis* auquel l'acte de complicité puisse se rattacher.

Pour qu'une personne puisse être condamnée comme complice d'un crime ou délit, il est nécessaire qu'un crime ait été commis. Voilà le principe ; il est évident, en effet, que s'il n'y a pas de fait principal, s'il n'y a pas de crime, il ne peut y avoir de participation criminelle à ce fait, de complice à ce crime. La jurispru-

dence a souvent consacré par ses arrêts cette règle
évidente, et qui dérive de la nature même des choses.

C'est cette idée que les anciens auteurs rendaient
par cette phrase : « *Socius delicti non intelligitur sine
auctore delicti.* » Quand il n'y a pas eu délit principal,
il n'y a point de complicité punissable. Toutefois, dans
le cas de tentative interrompue par des circonstances
étrangères à la volonté de son auteur, comme la tentative du crime est réputée le crime même, si c'est
par suite des promesses, menaces ou assistance,
dont parle l'article 60, que cette tentative ait eu lieu,
le crime ainsi manqué à raison d'un cas purement
fortuit, étant puni par la loi, le complice de ce crime
manqué sera lui aussi punissable, et puni de la même
peine que l'auteur principal, aux termes de l'article 59
du Code.

Nous avons remarqué que la provocation non suivie
de dons, promesses, etc., reste impunie, parce
qu'elle ne rentre pas dans les termes limitatifs de l'article 60. N'y a-t-il pas, cependant, des provocations
dont la criminalité appellerait un châtiment ? N'y
a-t-il pas des instigateurs tellement coupables, qu'ils
devraient être punis non-seulement comme complices,
mais même comme auteurs du crime auquel ils ont
poussé ? Certes il y a là dans notre Code une lacune
fort regrettable à signaler. Néanmoins, on a cherché
à justifier la loi, en disant qu'en l'absence d'un fait
qui donne en quelque sorte un corps aux conseils,
aux simples provocations, le législateur a dû reculer
devant l'idée d'en faire l'objet d'une répression
pénale.

Du principe que sans fait principal, c'est-à-dire

sans crime ni délit, il n'y a pas de complicité possible, il résulte que, dans le cas où l'amnistie a fait disparaître le crime, il ne peut y avoir de complice, si la complicité se rapporte aux faits amnistiés.

De cet autre principe que les faits de complicité sont précisés, limités, déterminés par l'article 60, découle cette conséquence : les faits constitutifs de la complicité doivent être *déclarés* à la charge de l'individu signalé comme complice; et c'est là la mission départie aux jurés; c'est à la Cour d'assises qu'il appartient de déclarer si les faits reconnus par le jury présentent les caractères de la complicité : nous reviendrons sur ce point à la fin de ce chapitre.

Le § 3 de l'article 60 déclare complices ceux qui ont aidé les auteurs dans les faits qui ont consommé le crime. De cette disposition, il semble résulter que les faits constitutifs de la complicité doivent, pour avoir ce caractère, se confondre pour ainsi dire avec le fait principal, ou, en tout cas, n'en être pas distincts. Que devient alors la distinction entre les auteurs et les complices?

Nous répondons qu'il y a, et que d'ailleurs la raison conçoit bien, une participation effective au crime, qui n'est pas le crime lui-même. Ainsi, qu'une personne jette une corde à l'individu qui doit exécuter le crime, qu'elle lui livre les clefs de la maison; que, comme la fille Cinci, elle conduise elle-même l'assassin jusqu'au lit où dort son père : voilà une assistance, une aide ; voilà des actes criminels ; ils ont préparé, facilité, mais ils n'ont point consommé le crime. C'est aussi une assistance bien effective que le fait dont parle la loi II, § 1er, au Digeste, *ad legem Aquiliam*, d'avoir tenu la victime pendant qu'un autre lui donnait la mort. Cependant, ces faits sont bien distincts , et c'est celui qui a frappé la victime qui est l'auteur véritable du meurtre ou de l'assassinat.

La complicité doit être positive , certaine ; elle ne saurait résulter de faits équivoques , de déclarations alternatives qui laisseraient planer le doute sur le fait imputé au prétendu complice, comme s'il était déclaré par le jury qu'il a provoqué le crime par tel ou tel moyen : il faut que ce moyen soit indiqué, précisé par la déclaration ; mais lorsque chacun des termes dont se compose la déclaration alternative justifie l'application de la peine, elle doit être considérée comme remplissant suffisamment le vœu de la loi.

La complicité pouvant être punie toutes les fois qu'il s'agit d'un crime ou d'un délit, il s'ensuit qu'il n'y a point d'exception à faire, soit qu'il s'agisse d'un crime commis avec intention , ou d'un fait d'imprudence, de négligence ou de maladresse. On peut donc être complice d'un homicide par imprudence ; on peut, en effet, sans préméditation, avoir été la cause involontaire d'un homicide par imprudence. Ainsi, lorsque l'accusé de complicité aura promis quelque chose à l'auteur principal, pour l'exciter à une imprudence qui aura occasionné un homicide involontaire qu'il aurait dû prévoir, il sera certainement complice de cet homicide. Il en serait de même pour le cas où l'homicide serait la suite de menaces irréfléchies qui auraient amené le fait d'imprudence punissable ; et, dans ces hypothèses, la connaissance exigée pour qu'une punition doive être infligée n'est pas la connaissance qu'un crime sera commis, mais bien qu'il

peut résulter de l'acte commis par l'accusé principal
un malheur qui attirerait sur son auteur les peines qui
sont applicables à la négligence, à la maladresse à
l'omission ou au défaut de précaution.

Notre article 60 distingue deux ordres de faits de
nature différente : dans sa première partie, il se rapporte à cette complicité morale si restreinte, que nous
avons dû la considérer comme une exception et non
comme une règle générale ; dans sa seconde partie, il
traite de la complicité matérielle.

La complicité morale, d'après l'art. 60, consiste
dans les provocations à l'action coupable, dans les
instructions données pour sa réalisation.

La pensée de l'homme est insaisissable et ne peut
être incriminée, abstraction faite d'un acte au moyen
duquel elle s'est produite. La science rationnelle nous
a déjà prouvé que la criminalité purement intérieure,
purement subjective, ne saurait tomber sous le coup
de la loi humaine. La complicité morale ne doit donc
être punie que quand elle s'est manifestée au dehors
et quand cette manifestation a eu lieu de l'une des
manières prévues par la loi : il faut qu'il y ait un lien,
un rapport rattachant l'acte moral à l'exécution du
crime.

La seule approbation qu'une personne donnerait en
son âme à un crime ou à un délit ne pourrait être
punie, car, s'il y a dans cette approbation un manque-
ment à la morale, la société ne venge pas les outrages
que la morale reçoit dans la conscience des individus ;
elle réprime les actes extérieurs qui viennent troubler
l'ordre social, mais n'atteint jamais les pensées, qui
restent enfouies au fond des cœurs.

Les provocations prévues par l'art. 60 sont celles qui sont accompagnées : 1° de dons ; 2° de promesses ; 3° de menaces ; 4° d'abus d'autorité, et 5° de machi‑ nations ou d'artifices coupables. La complicité morale, pour être punissable, doit rentrer dans l'une de ces cinq catégories ; elle est donc fort restreinte, ainsi que nous l'avons remarqué.

Le Code pénal de 1791 déclarait complice celui qui avait provoqué à un délit ou à un crime par des dis‑ cours ou des conseils, proférés ou donnés publique‑ ment. Le Code pénal de 1810 limita cette répression aux provocations qui portaient atteinte à la sûreté intérieure ou extérieure de l'État. La loi de 1819 sur la presse, ayant rétabli sur ce point les dispositions du Code pénal de 1791, a ainsi fait une exception à l'art. 60 en punissant, par le fait seul de son existence et indépendamment de tout effet, la provocation atten‑ tatoire à la sûreté de l'État.

Aux termes de l'art. 60 du Code pénal, la provoca‑ tion à un crime ou à un délit n'est un fait de compli‑ cité qu'autant qu'elle est accompagnée de ces dons, promesses ou menaces. Ces trois points n'ont donné lieu à aucune difficulté. Il n'est point nécessaire que les dons et les promesses aient été faits directement à l'auteur principal ; alors même que le provocateur aurait employé une tierce personne, il n'en serait pas moins complice, et devrait être puni comme tel. (Cass., 23 mars 1844.)

Il y a complicité, dans le sens du § 1er de l'art. 60, lorsque les criminels se sont fait assurer contre les chances de leur délit ; car ceux qui consentent à de‑ venir assureurs font une promesse sans laquelle le crime ou le délit n'aurait peut-être pas eu lieu (1).

Quant aux menaces, les juges auront à examiner si elles ont été de nature à exercer une influence considérable sur la volonté de celui qui a commis l'acte criminel; ils auront à voir si ces menaces ont été assez puissantes pour effrayer celui qui en était l'objet et le déterminer à exécuter le crime ou le délit.

« *Abus d'autorité ou de pouvoir.* » Le Code de 1791 ne contenait point cette expression: abus d'autorité ou de pouvoir. Elle fut introduite en 1810 dans le nouveau Code, afin de mieux préciser la volonté de la loi, qui, auparavant, s'était servie du mot *ordres*, terme qui ne comprenait pas suffisamment les abus d'autorité pouvant se cacher sous des prétextes spécieux sans revêtir la forme d'ordres formels et précis.

Le simple conseil donné par un supérieur à un inférieur ne saurait constituer un acte d'abus d'autorité ou de pouvoir. Il en serait de même du simple consentement, car l'abus d'autorité ne peut constituer un cas de complicité qu'autant qu'il a exercé une forte impression, une influence profonde sur l'âme et la volonté du criminel; aussi faudra-t-il mettre en balance l'autorité du commandant et la soumission du commandé. L'abus d'une autorité morale ou religieuse constituerait d'ailleurs un acte de complicité aussi bien que l'abus d'une autorité légale. Ce sont là des circonstances que les juges du fait auront à examiner et à apprécier.

(1) De même, celui qui, sous la forme d'un pari, s'engage à donner à un autre une somme d'argent, pour le cas où celui-ci commettrait une action qualifiée délit, fait assurément une promesse, et provoque à l'action délictueuse; c'est encore un cas qui rentre dans l'application de l'article 60.

R. F.

Il y a certains cas où le subordonné peut invoquer comme excuse l'ordre qu'il a reçu ; ces cas sont fort rares. Nous en trouvons un exemple dans l'article 114 du Code pénal, dont il faudrait bien se garder d'étendre la disposition, principalement à l'égard des fonctionnaires civils, qui conservent toujours leur liberté d'action et leur responsabilité. Nous disions, en commençant cette étude, que le seul auteur, aux yeux de notre législateur, c'était l'auteur matériel ; et, en effet, l'article 60 ne parle de complicité intellectuelle que, relativement à la provocation accompagnée de circonstances qu'il précise et détermine ; l'agent matériel est, par conséquent, seul auteur ; l'agent intellectuel n'est que complice ! Ainsi, dans notre Code, l'auteur est celui qui, par son fait ou le fait d'un autre, ayant conçu l'idée d'un crime, l'a en outre librement exécuté lui-même, excepté le cas où la terreur ou bien la folie aurait rendu l'exécuteur irresponsable de ses actes.

Telle est la conséquence de la confusion que le législateur a faite, dans l'article 60, entre l'auteur intellectuel ayant agi par provocation et les complices qui, à ses yeux, sont simples agents auxiliaires !

La provocation suppose, en général, une supériorité de moyens, soit intellectuels, soit pécuniaires : ainsi, l'on ne pourrait raisonnablement la supposer de la part d'un domestique envers son maître, d'un soldat envers son chef ; car ni le soldat ni le domestique ne peuvent avoir exercé une influence suffisante pour faire commettre le crime. Du reste, c'est là une question d'appréciation pour les juges du fait. Il a été jugé que l'influence qu'un concubin pouvait avoir sur sa concubine, quoique cette influence fût illégitime, pouvait servir de base à une provocation au crime par abus d'autorité.

La provocation se produit encore par des *machinations ou artifices coupables*. Ces mots *machinations ou artifices coupables* ont soulevé une difficulté : c'est celle de savoir si l'adjectif *coupables* se rapporte aux deux substantifs *machinations* et *artifices*. Certains auteurs voient une synonymie complète entre les mots *machinations* et *artifices* ; ils pensent que le mot *coupables* de l'article 60 se rapporte à l'une et à l'autre expression, et que la déclaration des juges du fait doit exprimer qu'on a provoqué par des machinations *coupables*. D'autres pensent qu'il n'est point utile d'accoler l'épithète *coupables* au mot machinations ; ils disent que la synonymie ne peut exister entre les deux substantifs machinations et artifices, car ce dernier terme peut parfois être pris en bonne part, tandis que le mot machinations, qui, dans le *Dictionnaire de l'Académie,* signifie « intrigue, menée secrète pour faire réussir quelque mauvais dessein, etc., » est toujours pris en mauvaise part. La Cour de cassation, par arrêt du 15 mars 1816, a décidé que la qualification de *coupables* était inutile pour les machinations. Quant à nous, nous croyons au contraire que l'épithète *coupables* s'applique aux deux expressions, pour caractériser une fraude condamnable, et que si, dans l'article 60, cette épithète ne se trouve pas répétée après le mot machinations, c'est pour éviter une répétition de mot. C'est donc une simple affaire de style.

La culpabilité des artifices aussi bien que des machinations doit donc être spécialement reconnue.

Cependant il ne faudrait pas aller trop loin et exiger des conditions que la loi n'a pas eues en vue. Ainsi dans un pourvoi, on s'était fait un moyen de cassation de ce que la déclaration du jury qui frappait le condamné ne mentionnait pas que la provocation avait été exercée envers ceux par qui le fait principal avait été commis. La Cour de cassation, avec raison, selon nous, rejeta ce moyen, « attendu, disait-elle, que les questions de complicité, résolues affirmativement à la charge de l'accusé, avaient été posées littéralement dans les termes du § 1er de l'art. 60 du Code pénal » (3 oct. 1857).

Enfin, la provocation a lieu en donnant des *instructions* pour commettre l'action criminelle.

Quelle doit être la nature de ces instructions? Faut-il qu'elles soient accompagnées de dons, promesses, menaces, abus d'autorité ou de pouvoir? nous ne le pensons pas. Dans le premier paragraphe de l'art. 60, nous trouvons deux modes distincts de participation morale : la provocation par dons, menaces, etc., et les instructions données pour commettre le crime. Les instructions supposent un projet arrêté, un concert préalable, et, pour ainsi dire, une provocation antérieure. Les circonstances qui rendent la provocation coupable ne peuvent donc s'appliquer aux instructions; d'ailleurs, la construction grammaticale de la phrase s'oppose à ce rapprochement.

Ainsi, la loi n'entoure d'aucune condition spéciale le second mode de complicité, qui consiste, comme nous venons de le dire, dans les instructions données pour l'exécution du crime ou du délit. Toute instruction donnée en connaissance de cause est un fait de complicité punissable, et la décision, en condamnant l'au-

teur, n'aura autre chose à constater que l'existence de
ce seul fait ; toutefois il faut que les instructions aient
été frauduleusement données ; il faut que la personne
accusée d'avoir fourni des renseignements, des instructions ait été reconnue coupable, c'est-à-dire auteur
éclairé de ce fait : la loi ne peut avoir foulé aux pieds ,
pour ce mode de complicité, les conditions ordinaires
de la culpabilité ; autrement celui qui, sans aucune
intention coupable, aurait donné des instructions ,
utilisées plus tard dans l'accomplissement d'un crime ,
pourrait tomber sous le coup de la loi pénale. On ne
devra donc point punir toutes les instructions qui
auront pu être données; celles-là seulement devront
être punies qui auront été fournies avec connaissance
du délit prémédité.

Le jury doit-il se borner à mentionner l'existence
des instructions, ou doit-il ajouter qu'elles ont été
données avec connaissance? Les auteurs sont d'opinions différentes sur ce point; quant à nous, nous
pensons que le jury ne doit pas se borner à mentionner
l'existence des instructions, mais qu'il doit ajouter
qu'elles ont été données *avec connaissance*. Il ne suffit
pas d'avoir indiqué les moyens par lesquels un crime
peut être commis, pour qu'on puisse être réputé complice ; il faut que les instructions aient été données en
vue du crime qui allait se commettre et pour en faciliter l'exécution. Mais *la question* posée aux jurés doit-
elle contenir ces mots « avec connaissance? » Cette
précaution peut être bonne, afin d'appeler spécialement
l'attention du jury sur ce fait; toutefois elle n'est pas
indispensable, parce que toute question posée au jury
en lui demandant : « un tel est-il coupable? » lui de-

7

mande par là même d'examiner si l'acte reproché, si le crime ou le délit dont il s'agit réunit bien les conditions suffisantes de culpabilité. La jurisprudence de la Cour de cassation déclare que la question est régulièrement posée sans la mention de ces mots : « l'accusé a-t-il agi avec connaissance ? » (Cass., 27 octobre 1815, 23 mai 1844, 11 août 1845.) Une question intéressante se présente sur le chef de complicité par instructions. Si le fait d'avoir donné soi-même des instructions pour commettre le crime constitue un acte de complicité, faut-il en dire autant de celui qui consiste à faire donner ces instructions par un autre ? Un arrêt de la Cour de cassation du 23 mai 1844 est invoqué dans le sens de l'affirmative, et les motifs sur lesquels cet arrêt s'appuie nous semblent tout à fait conformes aux vrais principes de la responsabilité ; mais il est bon, croyons-nous, de préciser exactement les termes de la question, pour bien faire comprendre quelle peut et quelle doit être la portée de l'arrêt invoqué. Faire donner des instructions, c'est aussi bien, en effet, s'adresser à une personne afin qu'elle en éclaire une autre de ses conseils pour l'exécution d'un acte, que dicter soi-même à autrui les instructions qu'il devra transmettre à l'exécuteur ; et si, dans ce dernier cas, il y a culpabilité évidente et complicité, comme l'a bien jugé, à notre avis, la Cour de cassation, dans le premier il ne nous paraît pas que les conditions de la complicité soient toujours remplies dans les termes du Code. Nous avons constaté en effet que l'article 60, en établissant le premier chef de complicité par provocation, affranchit d'ailleurs de toute responsabilité pénale tout acte purement intellectuel autre que la provocation par certains moyens. Or celui qui, dans notre première espèce, fait donner ses instructions, détermine certainement un acte coupable et un acte de complicité ; mais s'il y est parvenu autrement que par provocation ou par une provocation ne reproduisant pas les caractères légaux, il ne doit pas être considéré lui-même comme complice.

La dernière observation que nous ferons sur ce chef sera qu'il est nécessaire que les instructions données aient produit leur effet : c'est la condition essentielle de l'existence du lien de complicité.

Ceux qui auront procuré des armes, des instruments ou tout autre moyen qui aura servi à l'action, sachant qu'ils devaient y servir, sont les complices de la troisième espèce. Les caractères essentiels de ce nouveau chef de complicité sont les suivants : d'abord que les instructions ou moyens aient été fournis par une personne *sachant* quel devait être leur emploi, et ensuite qu'ils aient *réellement servi* à l'action. La connaissance de la possibilité évidente de l'emploi criminel des moyens fournis ne serait point suffisante pour satisfaire aux termes si précis et si restrictifs de l'article 60, qui exige une parfaite connaissance de cause chez celui qui est poursuivi pour complicité à raison d'une fourniture d'armes, d'instruments ou de tout autre moyen ayant servi à l'action coupable. Les jugements et arrêts de condamnation basés sur cette imputation de complicité devront donc signaler avec soin la parfaite connaissance de cause exigée par la loi chez le complice. Aussi, pour éviter des pourvois mal fondés, il sera prudent de se servir, dans ces arrêts et jugements, des expressions mêmes que la loi em-

ploie dans l'article 60 ; toutefois, le fait de connaissance exigé par la loi peut être exprimé en termes
équivalents dans le verdict. Il faudra donc, pour constituer la complicité, qu'il soit constaté que les instruments ou les autres moyens ont servi à l'action, et que
ceux qui les ont procurés savaient qu'ils devaient y
servir.

Ces mots « *ou tout autre moyen qui aura servi à
l'action* » nous montrent que ce mode de complicité
est très-varié : ainsi, il y aura complicité de la part
de celui qui a fourni les pinces qui ont servi à forcer
des portes ou des meubles, qui a prêté les échelles
destinées à l'escalade, qui a fabriqué de fausses clefs
et les a remises à celui qui s'en est servi ensuite pour
commettre un vol.

Ici nous ferons une remarque : la règle d'assimilation, qui rend responsable de l'action criminelle au
même degré que les auteurs principaux l'homme qui,
sans participer personnellement à l'action, fournit les
instruments nécessaires pour la commettre, est assurément injuste ; car cet homme n'est point la cause
immédiate, directe du crime : il n'y coopère que d'une
façon détournée. Le fait de fournir les instruments du
crime ne devrait donc constituer qu'une complicité
secondaire ; mais la loi est formelle : *dura lex, sed lex.*
Le dernier mode de complicité consiste dans le fait
*d'avoir, avec connaissance, aidé ou assisté l'auteur
ou les auteurs du crime dans les actes qui l'auront
préparé ou facilité, ou dans ceux qui l'auront consommé.* Cette définition est aussi large que possible ;
elle embrasse *tous les actes d'assistance* qui se sont
produits dans l'une ou dans l'autre des différentes

phases du crime, séparément ou indistinctement : elle comprend, par exemple, ceux qui ont introduit l'agent principal dans un lieu propre à lui faciliter la consommation du crime, ceux qui ont servi d'intermédiaires entre les auteurs du crime, ou facilité leur correspondance; elle comprend aussi ceux qui ont accompagné le criminel au moment de l'action, ceux qui ont fait le guet, ou intimidé la personne attaquée, ou empêché d'autres personnes de venir à son secours, ceux qui auront tenu l'échelle dont le voleur s'est servi pour pénétrer dans le lieu où il a commis le crime.

Il ne suffit pas, pour obéir au vœu de la loi, de déclarer que l'accusé s'est rendu complice d'un délit, en aidant ou assistant l'auteur dans les faits qui l'ont préparé, facilité ou consommé ; il faut, en outre, déclarer que l'aide ou l'assistance ont été données *avec connaissance*. Telle est, sur ce point, la jurisprudence bien constante.

Suffit-il de poser au jury cette simple question : « *L'accusé est-il coupable d'avoir, avec connaissance, aidé ou assisté l'auteur du crime dans les faits qui l'ont préparé ou consommé ?* » Faut-il, en outre, que la question énumère les faits particuliers d'assistance qui ont préparé ou consommé le crime? Ce dernier mode, qui n'est nullement contraire à la loi, offre à l'accusé une garantie nouvelle en astreignant le jury à analyser les faits qui déterminent sa conviction; mais il faut reconnaître en même temps que le Code ne l'exige point.

Une question importante, relative à tous les chefs de complicité que nous venons de passer en revue, se soulève relativement aux pouvoirs du juge dans l'interprétation des termes que le Code n'a pas pris soin de définir en les employant. La provocation, en effet, les instructions, la fourniture d'armes, les instruments ou moyens, enfin l'aide et l'assistance, n'ont pas été déterminés dans les faits qui les constituent intrinsèquement : la loi s'est bornée à établir les caractères intrinsèques dont elle voulait les voir accompagnés. Devons-nous dire, dès lors, que, dans l'appréciation des actes qui constituent la provocation ou les autres modes de complicité, le juge a un pouvoir souverain, échappant à la censure de la Cour de cassation comme s'appliquant à des éléments de pur fait qui n'intéressent pas le droit?

Aux termes de l'art. 350 du Code d'instruction criminelle, le jury est souverain appréciateur des faits qui lui sont soumis : les jurés ont donc un pouvoir souverain pour apprécier les actes qui constituent la provocation ou les autres modes de complicité. Mais la question est moins facile à résoudre lorsqu'il s'agit d'arrêts rendus par les chambres des mises en accusation et par les chambres des appels de police correctionnelle, qui dépendent de la Cour de cassation pour les questions de droit qu'elles ont tranchées. La jurisprudence de la Cour de cassation a fortement varié sur ce point; elle a reconnu, en dernier lieu, qu'elle avait droit d'interprétation souveraine sur le point de savoir ce que c'est qu'une provocation, une instruction et, en général, quant à la définition des termes employés par la loi pour désigner les différents cas de complicité. Nous croyons que la Cour de cassation a raison dans son dernier sentiment : nous pensons qu'il est juridique d'écarter de la censure de la

Cour suprême toute appréciation par laquelle la Cour
d'appel aurait déclaré que tels faits existent ou n'existent pas ; mais nous croyons qu'on doit soumettre
au contrôle de la Cour de cassation toutes les décisions
déclarant que tels faits reconnus comme constants
rentrent ou non dans l'un des chefs de complicité
prévus par l'art. 60, quoique les termes dont se sert
cet article n'aient pas été précisés par la loi. Cependant
il est évident que le législateur leur a attaché un sens ;
il s'agit donc de définir ces différents termes. Or
cette définition rentre-t-elle dans le domaine de la
constatation des faits, ou dans celui de l'application du
droit ? Là est la question. Selon nous, la traduction
de la pensée de la loi rentre toujours dans le domaine du droit, et la Cour suprême peut sans con-
teste intervenir en pareille circonstance. Il s'agit
d'apprécier les conséquences légales de faits constatés
et reconnus : c'est bien là la mission départie à la
Cour de cassation.

CHAPITRE V.

§ I.

Le système de notre Code pénal, en matière de complicité, se résume dans une règle générale et uniforme : réunion de tous les participants à un même crime dans un même châtiment. S'il distingue les auteurs principaux et les complices, cette distinction n'a aucune influence sur la pénalité. Toutefois cette règle d'assimilation n'est pas absolue ; plusieurs exceptions y ont été apportées, notamment pour le recélé : la peine fléchit à l'égard des recéleurs (bien qu'ils soient réputés complices par une fiction de la loi), lorsque cette peine est capitale ou même perpétuelle ; mais cette exception n'a pas été étendue aux peines temporaires.

Le premier alinéa de l'art. 59 est ainsi conçu : « *Les complices d'un crime ou d'un délit seront punis de la même peine que les auteurs mêmes de ce crime ou de ce délit...* »

Tout le système du Code est là. C'est le niveau d'un même châtiment à l'égard de tous ceux qui ont coopéré au crime, soit qu'ils l'aient seulement provoqué, soit qu'ils l'aient exécuté, soit qu'ils se soient bornés à en faciliter l'exécution ou à en recéler les produits. Mais le législateur, détruisant presque lui-même la règle qu'il vient de poser, ajoute dans la seconde partie du même article : « *sauf les cas où la loi en aurait disposé autrement.* » L'orateur du gouvernement, en 1810, s'exprimait sur ce point de la manière suivante : « Presque toutes les parties du Code pénal » indiquent des cas de cette espèce, et portent des dis- » positions pénales dont les nuances et les différences » attestent qu'il est reconnu en principe que les peines » à infliger aux complices peuvent n'être pas sem- » blables. Ces exemples, réunis à la disposition de » l'art. 59, suffisent pour prouver que la loi nouvelle » contient une grande amélioration sur ce point. »

Pour qu'il y ait complicité punissable, il faut qu'un crime ou qu'un délit ait été réellement commis. Ainsi, supposez une personne ayant provoqué par dons, promesses, menaces, abus d'autorité ou de pouvoir, à l'accomplissement d'un crime ; cet acte criminel lui avait été promis, mais il n'a pas été consommé : l'auteur de la provocation par dons, promesses, etc., ne pourra être puni, parce que l'exécution n'a pas répondu à la provocation. La loi punit le complice *d'une action*, c'est-à-dire d'une action réellement accomplie ; elle lui inflige la même peine qu'à l'auteur de l'acte : elle suppose par là même qu'il y a eu perpétration, exécution, accomplissement véritable. Les derniers mots de l'art. 60 démontrent d'une façon irréfutable la volonté du législateur à cet égard ; après les définitions de la complicité, qui toutes supposent un crime ou un délit réellement accompli, l'article ajoute : « sans

» préjudice des peines qui seront spécialement portées
» par le présent Code contre les auteurs de complots
» ou de provocations attentatoires à la sûreté inté-
» rieure ou extérieure de l'État, *même dans le cas où*
» *le crime qui était l'objet des conspirateurs ou des*
» *provocateurs n'aura pas été commis.* »

Par *d contrario*, il résulte clairement, de ces derniers
mots, qu'en règle générale, et sauf la nature du crime
à laquelle ils sont relatifs, pour appliquer l'art. 59 à
l'auteur d'un fait de complicité défini par l'art. 60 il
faut qu'un crime ou délit ait été réellement consommé.
Cependant cette règle générale doit se modifier par la
disposition de l'art. 2 du Code pénal, d'après lequel la
tentative de crime, interrompue par des circonstances
étrangères à la volonté de son auteur, est réputée le
crime même. Donc, si, à la suite de promesses, de
menaces, d'abus d'autorité ou de pouvoir, il y a eu
tentative de crime, et que l'exécution n'en ait été interrompue que par un cas fortuit, le crime n'est pas
accompli il est vrai, mais il est réputé tel aux yeux de
la loi (art. 2 C. pén.). Le complice, en cas de tentative,
est ainsi punissable, comme l'auteur principal l'est
lui-même.

Les cas où la loi n'a pas frappé de la même peine les
auteurs et les complices sont énumérés dans les articles 63, 67, 100, 102, 107, 108, 114, 116, 138, 144,
100, 213, 267, 268, 284, 285, 288, 293, 415, 438 et 441
du Code pénal.

Ces nombreuses exceptions nous montrent que les
termes dont se sert l'art. 59 sont loin d'avoir rendu
exactement la pensée du législateur de 1810. Si l'on
s'arrêtait au sens littéral de ses expressions, on serait

amené à dire que, sauf les cas où la loi en a disposé
autrement, le complice d'un crime ou d'un délit doit
être traité de la même façon que l'auteur même du
fait, et que la peine du premier doit être identique-
ment la même que celle du second quant au genre,
quant à son espèce et quant à sa quotité. Une semblable interprétation serait contraire à tous les principes de morale et de justice. Le législateur, en pres-
crivant les *mêmes peines* pour les auteurs et les complices, n'a voulu parler que du *même genre* de peines,
et non point de peines do *même durée.* La jurisprudence n'a pas hésité à reconnaître que la peine im-
posée au complice peut être plus longue que celle en-
courue par l'auteur du crime, et même, depuis l'institu-
tion du système des circonstances atténuantes, l'art. 59
est devenu complétement inexact; car il arrive souvent
que ce n'est plus le même genre de peines qui s'applique à l'un et à l'autre. Deux degrés dans l'échelle
pénale peuvent les séparer : l'un peut être puni des travaux forcés ; l'autre, d'un simple emprisonnement
correctionnel. Aussi la règle de l'assimilation, quoiqu'elle soit écrite dans notre Code, est devenue purement nominale et n'est plus exécutée dans la pratique.

Quand on dit que les auteurs et les complices sont
punis de la même peine, ces mots signifient simplement qu'ils sont, les uns et les autres, punis de la
même peine que le Code pénal a édictée dans tel article pour la punition de tel fait, de tel meurtre, de
tel vol, *abstraction faite des circonstances personnelles qui peuvent modifier cette pénalité.*

Le fait de complicité se caractérise par le fait prin-

cipal; par suite, le premier de ces faits prend ou perd
de la gravité, suivant que l'autre en prend ou en perd.
De ce principe il résulte que le complice est responsable de toutes les circonstances aggravantes qui ac-
compagnent le fait incriminé. Les auteurs et la jurisprudence admettent généralement cette conséquence
rigoureuse, lorsqu'il ne s'agit que de circonstances
concomitantes au fait principal, telles que les circonstances de nuit, d'effraction, d'escalade, de préméditation. Rien n'est plus juste que cette doctrine,
si l'on suppose que le complice avait connaissance de
ces circonstances; mais il y a une énorme injustice
à faire supporter le poids de cette aggravation à un
homme qui, ne connaissant pas ces circonstances, n'a
pu avoir l'idée de s'y associer, et qui, peut-être, s'il
les eût connues, n'eût pas prêté la main au crime. Et
cependant, la volonté de la loi ne paraît pas douteuse : à ses yeux, le fait du complice a toujours le
même caractère de gravité que le fait de l'auteur
principal; cette proposition résulte nettement de l'assimilation établie quant à la peine entre l'un et l'autre
fait. Sur ce point, notre Code s'écarte complétement
des principes de la science rationnelle, qui veut que
tout fait de complicité auxiliaire soit moins grave et
moins sévèrement puni que le fait de l'auteur principal. La pensée de notre législateur est celle-ci : le
complice, en s'associant au crime, s'associe *à toutes
les chances* des événements et assume sur lui la responsabilité de ce crime tel qu'il est et tel qu'il sera.
L'exposé des motifs du Code confirme cette interprétation : « Quand la peine, disait M. Target, serait
» portée à la plus grande rigueur par l'effet des cir-

» constances aggravantes, il paraît juste que cet ac-
» croissement de sévérité frappe tous ceux qui, ayant
» préparé, aidé ou favorisé le crime, se sont soumis
» à toutes les chances des événements et ont consenti
» à toutes les suites du crime. »

En vertu de la corrélation si étroite établie par la loi
entre le fait du complice et le fait de l'auteur, corrélation qu'elle ne soumet à aucune condition, et qu'elle
considère d'ailleurs comme un fait général et constant, il faut reconnaître avec la jurisprudence que la
connaissance ou la non-connaissance par le complice
des faits ou circonstances d'aggravation importe peu
à la criminalité de son acte. Cette solution, qui résulte
déjà si clairement des termes et de l'esprit absolus de
l'article 59, est encore rendue indiscutable par l'article 63, qui, faisant exception à une règle supposée
préétablie, dispose que le recéleur ne subira les peines
des travaux forcés à perpétuité ou de la déportation
qu'autant qu'il aura été convaincu d'avoir eu, au temps
du recélé, connaissance des circonstances auxquelles
la loi attache ces peines ou la peine de mort. Voilà
la seule exception qui soit formulée! Le principe,
malgré sa sévérité, reste donc dégagé de toute incer-
titude. La Cour de cassation n'a reculé devant aucune
des applications de ce principe; elle n'a pas hésité à
le pousser jusqu'à ses conséquences les plus extrêmes
(25 octobre 1811, 26 décembre 1811, juillet 1812,
22 août 1817, 11 septembre 1828, 8 janvier 1835,
18 mai 1865, 11 mai 1866).

Le législateur de 1810 a mal compris, mal analysé
l'association de complicité. Comparant purement et
simplement l'association criminelle des complices à

une association civile quelconque, ayant pour objet
l'exploitation d'intérêts pécuniaires, et voyant, en ce
dernier cas, les différénts intéressés subir, aux termes
de leur contrat, les conséquences funestes ou avanta-
geuses de tous les actes de leur gérant, il a conclu,
par une assimilation injuste et impossible, à l'application des mêmes conséquences aux différents complices
d'un délit.

Toute son erreur a été de confondre des principes
qui n'ont rien de commun et qui doivent toujours
rester séparés : ceux du droit civil, qui n'ont d'autre
loi que l'autorité souveraine de la convention des
parties, et ceux du droit pénal, qui se règlent uniquement sur des faits et des principes, les faits et les principes de l'ordre moral, qui ne peuvent être modifiés
par aucune volonté, ni par aucune autorité.

Jusqu'ici la question des circonstances aggravantes
ne soulève guère de difficultés. On reconnaît à peu
près unanimement que les circonstances de temps, de
lieu, de procédé, servant à l'exécution matérielle du
crime ou du délit, sont des circonstances d'aggravation du fait principal, et que, dès lors, le complice doit
subir l'accroissement de peine encouru par l'auteur
lui-même. Mais on cesse de s'entendre lorsqu'il s'agit
de circonstances aggravantes, *inhérentes à la personne
du coupable*, telles que la qualité de fonctionnaire
public pour le faux, celle de père ou d'ascendant pour
le viol. Que décider dans ce cas ? En théorie, au point
de vue de la science rationnelle, les circonstances de
cette nature ne devraient avoir aucun effet sur le complice ; mais si nous raisonnons avec le Code, nous
serons bien obligé, malgré nous, de reconnaître le

contraire. Suivant la jurisprudence de la Cour de cassation, qui, du reste, est conforme à l'esprit et au texte de notre Code, l'aggravation de peine, résultant d'une qualité personnelle à l'auteur, doit s'étendre à tous les complices : ainsi les complices d'un vol dont l'un des auteurs est domestique sont punis de la peine infligée au domestique infidèle; les complices d'un fonctionnaire public qui abuse de son autorité, d'un fils qui assassine son père, d'un père ou d'un tuteur qui débauche sa fille ou sa pupille, sont punis de la même peine que s'ils avaient été eux-mêmes fonctionnaires, pères ou tuteurs. La Cour de cassation avait hésité tout d'abord à embrasser une interprétation aussi sévère ; mais, à la suite de nombreux arrêts, elle semble aujourd'hui l'avoir adoptée définitivement (10 mai 1850, 11 septembre 1851, 24 mars 1853). Néanmoins elle a reculé devant quelques-unes des conséquences du principe absolu qu'elle a posé en thèse générale. C'est ainsi qu'elle a reconnu que, lorsque l'auteur d'un crime commis avec une circonstance aggravante a été acquitté, le complice ne doit être puni que de la peine simple. La jurisprudence de la Cour suprême se refuse aussi à étendre aux complices les conséquences de la récidive ; et, en effet, il serait absurde que l'aggravation qui puise ses motifs dans les habitudes dépravées d'un condamné pût s'étendre à des complices dans lesquels aucune condamnation antérieure ne révèle les mêmes habitudes (3 juillet 1806).

Certains criminalistes ont combattu très-vivement la doctrine de la Cour de cassation relativement aux circonstances personnelles, inhérentes à la personne de l'auteur principal, telles que celles de tuteur, de fonctionnaire, de père ou de mère; les arguments qu'ils font valoir méritent toute notre attention.

Dans le système contraire à la doctrine de la Cour de cassation, on a dit : 1° L'argument *unique* pour appliquer au complice l'aggravation de peine dérivant d'une qualité personnelle à l'auteur principal se puise dans l'article 59, qui déclare, *sans distinction* ni exception, qu'on doit appliquer au complice *la même peine* qu'à l'auteur principal.

2° Lorsqu'un crime est commis par plusieurs personnes qui y prennent une part égale, les coupables sont *coauteurs* et non pas complices; or, dans ce cas, la qualité personnelle à l'un d'eux ne déterminera pas une aggravation pour les autres, car l'article 59 ne s'applique *qu'aux complices relativement aux auteurs*, et non aux auteurs entre eux. Nulle disposition pénale n'inflige *à plusieurs auteurs* d'un crime l'obligation de subir l'aggravation qui peut être due à l'un d'eux; or, si cette aggravation ne doit pas peser sur *les coauteurs*, pourquoi donc la ferait-on supporter *aux complices ?*

Ce que la loi a voulu dire, c'est que les complices seraient punis de la peine portée contre le crime même, c'est qu'ils seraient punis *comme s'ils en étaient les auteurs*. Les circonstances *inhérentes au fait*, qui en aggravent le caractère, doivent peser sur les complices, quoiqu'ils les aient ignorées, parce que leur participation *les répute auteurs* eux-mêmes de ce fait; mais celles qui n'appartiennent pas au fait, et qui n'aggraveraient pas leur crime, *même quand ils en seraient les auteurs*, comment les en rendre responsables ?

Ces circonstances, toutes personnelles, *n'appar-tiennent pas* au crime; elles sont *personnelles*, et dès lors ne peuvent être étendues.

3° Les orateurs du gouvernement, en exposant les motifs du Code, n'ont parlé que de l'aggravation ré-sultant des circonstances *concomitantes au fait*, et nullement de celles qui dérivent *de la qualité* de l'un des auteurs.

4° Il y a injustice flagrante à punir comme le do-mestique infidèle, comme le fonctionnaire dilapida-teur, comme le fils parricide, le complice qui, en se rendant coupable d'un crime, n'a du moins trahi ni la foi d'un maître, ni les devoirs de ses fonctions, ni les sentiments les plus sacrés de la nature; si les devoirs de l'un et de l'autre n'étaient pas égaux, comment le crime peut-il être égal? comment peut-on les punir d'un châtiment égal?

5° Si le complice eût lui-même commis le crime, s'il eût commis lui-même l'assassinat, cet assassinat n'étant pas celui de son père, il ne serait pas parricide; si lui-même eût commis le faux, n'étant pas officier public, il ne serait puni que des travaux forcés à temps, et ainsi de suite; pourquoi donc, lorsqu'il a non pas *commis, exécuté* le crime, mais simplement *encou-ragé, aidé, facilité* la perpétration, pourquoi donc est-il puni plus sévèrement que s'il y eût mis la main, et cela à raison d'une qualité qui lui est complétement étrangère?

6° Pour appliquer l'article 59 dans toute la préci-sion de sa lettre, il faudrait que, toutes les fois que par une circonstance, même spéciale, la peine se trouverait soit aggravée, *soit diminuée* à l'égard de l'auteur principal, cette aggravation nuisit et cette diminution *profitât* au complice. Ce serait alors un système *conséquent*. Or cette logique fait complétement défaut dans le système de la Cour de cassation. En effet, l'article 59, malgré la généralité de ses termes, reçoit, dans le système de la jurisprudence, une limitation considérable dans toutes les circonstances qui tendent à *alléger* la peine; il y a une foule de circonstances *personnelles*, spéciales qui entraînent une *réduction*, ou même *l'impunité complète pour l'auteur principal*, *et qui ne profitent jamais au complice*. Dès lors, *l'inconséquence* de la doctrine de la Cour de cassation n'est-elle pas évidente?

Il est facile de trouver des exemples de cette inconséquence.

Dans l'article 234 du Code pénal, c'est-à-dire dans l'hypothèse du flagrant délit d'adultère dans la maison conjugale, le meurtre commis par le mari est excusable; et cependant cet allégement, cette diminution de peine qui profite à l'auteur ne profite pas au complice !

Dans le cas de l'article 463 du Code pénal, les circonstances atténuantes accordées à l'auteur principal sont personnelles à celui-ci; la diminution de peine, qui en est la conséquence, ne profitera point au complice en faveur duquel ne sera pas intervenue une déclaration analogue. Dans les articles 66, 67, 68, 380 du même Code, se rencontrent d'autres hypothèses semblables. Le système de l'interprétation littérale, judaïque, dans le sens où l'entend et l'applique la jurisprudence, est donc illogique, inconséquent ! de plus, il est inhumain !

Tels sont les arguments que l'on fait valoir en faveur du système opposé à la jurisprudence de la Cour de cassation. Malgré la force de ces arguments, nous sommes obligé de nous conformer au système adopté par la jurisprudence, qui est seule d'accord avec le texte précis, formel de notre Code. Aux termes de l'article 59, le fait de complicité se caractérise par le fait principal : celui-ci augmentant en gravité, celui-là devient aussi plus grave aux yeux de la loi ; les expressions formelles du texte ne peuvent laisser de doute à cet égard. L'article 59 est d'une généralité vraiment désespérante, et, à moins de trouver quelque part un autre texte à lui opposer, il faudra bien l'appliquer dans toute sa rigueur. Du reste, l'argumentation de nos adversaires s'appuie sur une interprétation dont la fausseté est évidente ; la loi, en effet, n'a pas voulu dire que le complice doit être puni *de la même peine que s'il était lui-même l'auteur.* Cette interprétation s'écarterait beaucoup trop du texte ; elle conduirait, ainsi que nous l'avons vu, dans le système que nous combattons, à contredire *tout à fait* l'esprit d'assimilation du Code, et surtout elle serait en opposition avec le caractère essentiellement *accessoire* du complice, caractère dont l'effet doit être de subordonner son châtiment à celui de l'auteur principal. L'article 59 signifie que les complices d'un crime ou d'un délit seront punis *de la même peine que celle prononcée par la loi contre le crime ou le délit commis par l'auteur ;* mais la loi ne peut pas vouloir dire que le complice sera puni de la même peine *que s'il était lui-même l'auteur, puisque c'est dans la personne de l'auteur véritable, et non dans la sienne, que doivent se puiser la qualification et la mesure de la gravité du fait.* Il faut prendre la peine telle qu'elle est édictée par la loi, *avec son maximum et son minimum* s'il y en a, avec l'abaissement dont une déclaration de circonstances atténuantes peut la rendre susceptible, avec l'alternative qu'elle comporte si le législateur a prononcé contre le crime ou le délit telle peine ou telle autre, au choix du juge, et l'appliquer telle quelle, tant aux complices qu'aux auteurs, en se tenant à l'égard de chacun d'eux dans les limites de la latitude destinée à graduer la punition suivant les diverses culpabilités individuelles. On pourra ainsi prononcer le *maximum* contre l'un, le *minimum* contre l'autre, ou réciproquement; accorder le bénéfice des circonstances atténuantes à celui-ci, le refuser à celui-là, et *vice versa;* mais il n'en est pas moins vrai que c'est la personne même de l'auteur véritable qui détermine la *qualification* et la mesure de la gravité du fait.

Le système de nos contradicteurs repose donc tout entier sur une fausse interprétation de la règle d'assimilation.

Nous résumerons notre doctrine en disant que toutes les causes d'aggravation qui affectent la criminalité même du fait, soit qu'elles dérivent de circonstances matérielles, soit qu'elles découlent de qualités personnelles à l'auteur, par la raison qu'elles font partie, dans leur effet, de la peine édictée par la loi contre le crime, ou le délit commis par cet auteur, doivent étendre leur influence sur le complice, et doivent l'étendre en totalité; car notre Code n'a pas admis entre les auteurs et les auxiliaires les nuances plus délicates que peut signaler la science rationnelle.

Il faut dire des circonstances d'excuse et d'atténuation ce que nous avons dit des causes aggravantes. Les circonstances affectent, elles aussi, la criminalité même du fait; mais elles l'affectent en moins cette fois-ci : le complice doit en profiter, de même qu'il souffrait tout à l'heure des causes d'aggravation. Les cas d'excuse et d'atténuation, qui diminuent la pénalité, sont dans notre Code (l'article 463 étant mis de côté) de deux sortes : ou généraux, comme ceux qui résultent de la minorité de seize ans (art. 67 et 69) et de la provocation par coups ou violences graves (art. 321, 324 et 325) ; ou spéciaux, c'est-à-dire édictés pour chaque cas particulier, comme dans les articles 100, 108, 138, 144, 213, 284, 285, 288, 357, 380, etc.

Occupons-nous donc des cas où l'excuse admise en faveur de l'auteur principal est, aux termes mêmes de la loi, *inhérente à l'acte criminel lui-même.*

Dans tous ces cas, la loi adoucit la peine à raison de circonstances qui atténuent la gravité du fait. Aussi, pour être logique et nous conformer à la théorie du Code, nous n'hésitons pas à tirer cette conséquence que le complice doit profiter de l'abaissement de la peine, puisque la gravité du fait de complicité se mesure sur la gravité du fait principal, et que c'est la peine attachée à ce dernier fait qui, à moins de dispositions exceptionnelles, doit être celle de la complicité. En le décidant ainsi, nous abandonnons le système de la Cour de cassation. Cette Cour fait, nous le savons, retomber sur le complice l'influence des circonstances aggravantes inhérentes au fait lui-même ou personnelles à l'auteur principal ;

jusqu'ici elle était parfaitement d'accord avec le texte
et l'esprit de l'art. 59 : aussi avons-nous embrassé sa
doctrine en ce qui touche les circonstances aggravantes. Mais, pour être logique, et aussi, pour nous
maintenir dans la théorie et dans l'esprit du Code, nous
devons nous écarter de la jurisprudence, relativement
aux circonstances d'excuse ou d'atténuation : puisque
le complice souffre des circonstances aggravantes
modifiant le fait principal, il doit aussi profiter des circonstances d'excuse et d'atténuation qui modifient ce
fait principal. Cette décision, contraire au système
de la Cour de cassation, nous paraît conforme à la
raison, à la justice et à la loi.

Quant aux circonstances aggravantes ou aux excuses
affectant seulement la culpabilité personnelle, telles
que la récidive ou la minorité de seize ans, ou bien
encore celles résultant d'actes postérieurs au crime
ou au délit qui seraient le fait exclusif d'un des auteurs, il est évident qu'elles ne doivent pas étendre
leur effet aggravant ou atténuant de l'auteur au complice; car on ne peut pas dire que cet effet *fasse partie
de la peine édictée par la loi contre le crime ou le délit*
commis par l'auteur.

Avant de pénétrer plus loin dans l'étude de notre
matière, il convient d'examiner certaines objections
soulevées contre la théorie que nous avons émise sur
le genre de connaissance exigée pour que le complice
soit responsable de toutes les circonstances du crime.
La volonté du législateur de 1810 a été, croyons-
nous, que, par cela seul qu'un complice a eu connaissance qu'il participait *à un acte coupable*, toutes les
conséquences, toutes les circonstances dont cet acte

se serait aggravé, *même à son insu*, retombassent sur sa tête ! Nous nous sommes appuyé sur l'art. 59, qui n'exige point que le complice ait eu connaissance des causes d'aggravation ; nous avons invoqué aussi, à l'appui de notre opinion, la disposition de l'art. 63, qu'il serait inutile de reproduire de nouveau ici. On nous fait plusieurs objections.

Sous l'empire du Code pénal de 1791, la jurisprudence, dit-on, ne déclarait les complices passibles de la même peine *qu'autant qu'ils avaient connu* les circonstances intrinsèques du crime qui pouvaient motiver une aggravation.

A cela nous répondons que cette jurisprudence ne s'est point maintenue sous le Code de 1810. La Cour de cassation a constamment jugé, depuis la promulgation du Code, que la même peine doit frapper et les auteurs du crime et leurs complices, *encore bien qu'il soit reconnu* que ces derniers n'ont point participé aux circonstances aggravantes du crime, *et même qu'ils les ont ignorées*. On poursuit et l'on nous oppose l'objection suivante : Le défaut de connaissance *absolue* enlève toute culpabilité chez le complice : ainsi, l'action d'avoir fait le guet pendant la consommation d'un vol cesse d'être punissable si le jury déclare que l'accusé n'a point su qu'il se commettait un vol pendant qu'il faisait sentinelle. Il est donc rationnel que le défaut de connaissance *partielle* de certaines circonstances qui aggravent la criminalité du fait principal atténue la culpabilité des complices !

A cette objection nous répondons en opposant les termes précis de la loi, qui dit formellement : *Les complices seront punis de la même peine que les auteurs ;*

elle ne parle point de la connaissance des circonstances aggravantes ; elle *est générale et absolue :* elle veut que les complices, en s'associant au crime, s'associent *à toutes les chances des événements.*

On objecte encore qu'il n'y a *de complices par assistance* (art. 60) que ceux qui ont agi *avec connaissance.*

Cet argument ne saurait nous arrêter : que veut dire, en effet, cette expression : *avec connaissance ?* que les complices ont dû connaître le but et la nature de l'action à laquelle ils ont participé. Il n'est pas nécessaire que cette connaissance ait compris, embrassé tous les faits accessoires qui sont venus augmenter et grossir la culpabilité de l'auteur du fait; il suffit que le complice ait eu connaissance qu'il participait à un *acte coupable quelconque;* ainsi, quand bien même le complice n'aurait cru participer qu'à un vol simple, il devra être puni des peines du vol qualifié si des circonstances aggravantes sont venues s'y ajouter à son insu. La simple connaissance du fait originaire, du fait primitif, rend le complice responsable de tous les actes accessoires qui l'ont aggravé : tel est le principe que nous considérons comme certain, avec les textes actuels. Certes, les conséquences de ce principe peuvent être terribles et même injustes; mais nous commentons la loi, nous ne la faisons pas. Supposons, par exemple, qu'un homme prête une arme, un bâton à un individu qui veut battre son ennemi dans un guet-apens : si ce bâton est devenu l'instrument d'un assassinat, il faudra dire que celui qui a prêté le bâton, sachant qu'il devait servir à battre, sera puni comme assassin !

Voilà l'interprétation fidèle et exacte de notre Code

pénal sur la complicité! Un tel Code ne peut demeurer sans réformes. Aussi nous espérons qu'une révision prochaine de notre loi pénale donnera naissance à une disposition nouvelle exigeant, pour l'aggravation de peine, la connaissance des circonstances du crime.

Nous avons dit que le complice doit participer aux conséquences des *atténuations* que les circonstances peuvent apporter au fait principal. Ce principe reçoit notamment son application dans les hypothèses des art. 321 et 322 du Code pénal, en vertu desquels le meurtre, ainsi que les blessures et les coups, sont excusables s'ils ont été provoqués par des coups et violences graves envers les personnes, s'ils ont été commis en repoussant pendant le jour l'escalade ou l'effraction des clôtures, murs ou entrée d'une maison, ou d'un appartement habité, ou de leurs dépendances. Mais là il s'agit d'une controverse.

Aux termes de l'art. 323, le parricide n'est jamais excusable, et l'art. 324 dispose que le meurtre commis par l'époux sur l'épouse, ou inversement, n'est pas excusable, à moins que la vie de l'époux ou de l'épouse qui a commis le meurtre n'ait été mise en péril dans le moment même où le meurtre a été commis. Des dispositions de ces articles devons-nous conclure que le descendant ou le conjoint qui n'auront pris part au meurtre de leur ascendant ou conjoint qu'à titre de complices ne pourront profiter de l'excuse admise en faveur de l'auteur principal?

Et, inversement, les complices de l'un et de l'autre de ces meurtres conservent-ils le droit à l'excuse, malgré l'inexcusabilité de l'auteur principal? Ces deux questions sont intéressantes. La première nous semble devoir être résolue négativement. En effet, l'application pure et simple des principes que nous avons déduits de l'art. 59 nous conduit à dire que, l'excuse admise en faveur de l'auteur principal étant, aux termes mêmes des art. 321 et 322, *inhérente à l'acte criminel lui-même*, et le conjoint ou le descendant n'étant d'ailleurs qu'un simple complice, il doit profiter de l'excuse admise en faveur de l'auteur principal. En le décidant ainsi, nous ne faisons qu'appliquer les règles générales de l'art. 59, auxquelles on ne pourrait déroger qu'en présence d'un texte formel établissant cette exception. Mais les art. 323 et 324 sont-ils justement des textes spéciaux faisant obstacle à l'application des règles générales contenues dans l'art. 59 ? Nous ne le pensons pas. Les dispositions des art. 323 et 324 ne se réfèrent qu'à l'hypothèse où l'*auteur* principal du crime est précisément le *descendant* ou le *conjoint*. Le crime dont il s'agit dans l'art. 323 est le parricide ; or ce n'est pas là notre hypothèse, puisque, dans notre espèce, l'*auteur* du meurtre n'est pas le descendant de la victime.

Quant à l'article 324, il donne lieu à la même remarque ; le crime déclaré inexcusable par cet article n'est pas celui dont il s'agit dans notre hypothèse, car cet article suppose que le conjoint est *auteur* du meurtre, tandis que, dans notre espèce, le conjoint est *complice*. Les dispositions des articles 323 et 324 se rapportent, croyons-nous, à un cas qui diffère complétement de celui que nous supposons ; il est donc impossible qu'elles puissent faire exception à l'article 59, sur lequel nous nous appuyons, en invoquant la règle générale. Ainsi, suivant nous, le descendant ou le conjoint qui n'ont pris part au meurtre de leur ascendant ou conjoint *qu'à titre de complices* doivent profiter de l'excuse admise en faveur de l'auteur principal.

Nous passons à la seconde question. Nous estimons que le complice du meurtre commis par le descendant sur son ascendant, ou par le conjoint sur son conjoint, peut invoquer le bénéfice des articles 321 et 322, malgré l'inexcusabilité de l'auteur principal.

Nous sommes en présence d'un crime inexcusable pour son auteur, mais qui serait excusable pour toute autre personne : c'est encore le cas d'appliquer l'art. 59 du Code.

Que nous dit, en effet, l'article 59 ? que le fait de complicité se caractérise par le fait principal, et que la criminalité du fait de complicité dépend uniquement de la criminalité du fait principal. Or, quelle est *la criminalité* du premier fait prévu par l'article 323 ? quelle est celle du second, prévue par l'article 324 ?

La criminalité du premier fait est celle du meurtre élevé au degré de parricide.

Or, dans les circonstances où nous nous sommes placé, si l'article 323 n'avait rien dit, s'il n'avait pas dit que le parricide n'est jamais excusable, nous nous trouverions en présence de la règle *générale*, de l'article 321, aux termes duquel le meurtre ainsi que les blessures et les coups sont excusables s'ils ont été provoqués par des coups ou violences graves envers les personnes, et, par suite de cette règle *générale*, un *abaissement* de peine eût été accordé aux différentes personnes responsables du fait coupable, *atténué dans sa criminalité comme meurtre.* L'article 323 fait évidemment obstacle à l'application *complète* de cette règle; mais *à quel titre et dans quelles limites?* Là est la question. Notre législateur, en établissant la disposition de l'article 323, a eu en vue *la qualité de l'auteur principal;* mais il n'a pas voulu rendre le crime de parricide, *à proprement parler, inexcusable;* pour le décider autrement, il faudrait que nous missions complétement de côté la règle de l'article 321, qui, nous le répétons, est une règle *générale.*

L'article 299 qualifie le crime de parricide d'après le seul fait de *la qualité de son auteur;* pour étendre la portée de cet article, il faudrait une disposition formelle à cet égard ; jusque-là, nous devons considérer la définition de l'article 299 comme complète. Pour dire que le crime de parricide est inexcusable d'une façon absolue, à proprement parler et *à l'égard de tous,* il faudrait aller au-delà de la définition de l'article 299; or, en droit pénal, l'interprétation ne peut agir aussi librement qu'en matière civile: les définitions sont de droit strict, et ne peuvent être étendues en l'absence d'un texte spécial. Dire que le crime de parricide est inexcusable à l'égard de tous, non-seulement à l'égard du fils auteur du meurtre de son père, mais aussi à l'égard de ses complices, c'est attribuer au crime de parricide un *caractère exorbitant*, qui serait en opposition avec le principe général de l'article 321.

L'existence du parricide, sa qualification et, par suite, son incrimination spéciale, sont donc *indépendantes de la circonstance d'inexcusabilité.*

La responsabilité *du complice* se règle uniquement d'après la criminalité du fait principal, *considéré en lui-même*. La portée de l'article 323 se réduit donc à *la personne même du parricide*, et demeure *étrangère aux complices*.

Enfin, s'il est vrai que, dans tous les cas et malgré les provocations les plus caractérisées, celui qui s'associe à la perpétration d'un parricide assume par là même la responsabilité d'un meurtre singulièrement aggravé, il convient aussi de remarquer que, le rapport d'infériorité et le devoir de respect qui suffit à aggraver toujours et malgré tout l'acte du fils, n'existant pas relativement au complice, les provocations qui ont été exercées à son égard doivent conserver toute leur influence, quant à lui, et doivent lui valoir une diminution de peine.

Reste la disposition de l'article 324 relative au meurtre commis par l'époux. Cet article est facile à écarter de la discussion ; car le crime qu'il prévoit fait partie de la classe générale du meurtre ou des coups et blessures, et n'a reçu dans la loi aucune qualification *spéciale*. Sa criminalité n'est donc et ne peut être que la criminalité d'un fait compris, sans aucun doute, dans la formule *générale* des articles 321 et 322. Par conséquent, la qualité de conjoint, qui n'influe pas sur la nature du crime *en lui-même*, importe peu à l'incrimination du fait de complicité, et, par suite, elle n'aggrave que la situation *personnelle de l'auteur du crime*, que l'on doit seul déclarer inexcusable, toutes les fois que la provocation dont il a été l'objet n'a point consisté dans les faits énumérés par l'article 336.

§ II.

L'article 59, en nous montrant que la peine du complice n'est déterminée que par celle du fait principal, nous montre par là même qu'il n'y a lieu à complicité punissable que dans le cas où *l'existence d'un fait principal, constituant un crime ou un délit, a été reconnue contradictoirement avec le complice*. En effet, si l'existence du fait principal est niée par le juge, ce fait, quel qu'il ait pu être, est réputé légalement n'avoir pas existé, et, par suite, il ne peut pas être déclaré punissable. De même, si le fait principal, quoique déclaré constant, ne constitue ni crime ni délit, il ne peut pas tomber sous le coup de la loi pénale; dès lors, ni dans le premier, ni dans le second cas, il ne peut y avoir de complicité punissable. Mais il en serait autrement si les faits imputés au complice constituaient par eux-mêmes un crime ou un délit distinct; dans ce cas, nous nous trouverions en dehors des règles de la complicité: ce serait non pas comme complice, mais comme auteur principal que l'accusé ou le prévenu serait condamné par le Code pénal.

Dans la pratique, le complice ayant été reconnu coupable de s'être associé à l'accomplissement d'un fait principal *criminel*, il a été jugé, à l'égard de l'auteur principal dans la même instance, *que le crime manquait de l'un de ses caractères élémentaires*. Nous pensons que de tels arrêts doivent être considérés comme non avenus pour le complice, car celui-ci ne peut être condamné toutes les fois que l'auteur principal, convaincu du fait qui lui était reproché, n'a pas été puni *à raison d'une vérification incomplète de la criminalité de ce fait*. Malgré l'autorité de la vérification contraire, acquise vis-à-vis du complice, il n'en est pas moins toujours vrai que la criminalité de sa conduite est abandonnée à celle de l'acte de l'auteur principal.

Mais, réciproquement, si l'acte principal a été reconnu coupable vis-à-vis de l'auteur principal et qu'il ne l'ait pas été vis-à-vis du complice, il n'est plus nécessaire de subordonner la situation du complice à celle de l'auteur, et de le punir par la seule raison que celui-ci doit être condamné. Car, s'il est vrai de dire que là où il n'y a pas de crime il n'y a pas de complice, ce qui est, au fond, le raisonnement de notre première hypothèse, il n'est pas exact d'affirmer que là où il y a crime il y a nécessairement complicité. Dès lors, il n'y a pas de contradiction juridique dans la situation respective faite aux accusés dans notre seconde hypothèse.

§ III.

Nous savons que le texte de l'article 59 est inexact, et que, dans une foule de cas, la peine du complice ne sera pas la même que celle de l'auteur. Les principales causes de ces différences sont la moralité, l'âge, les antécédents judiciaires, des actes postérieurs au crime. La moralité d'un coupable peut amener une déclaration de circonstances atténuantes en sa faveur; et, de la sorte, se produira un abaissement de peine, dans les limites prescrites par la loi. Si la moralité de l'accusé ne paraît pas de nature à motiver une décla-

ration de circonstances atténuantes, le juge a encore
le pouvoir de faire varier la peine dans les limites du
maximum et du minimum.

En face d'une déclaration de circonstances atténuantes commune au complice et à l'auteur, le juge,
en prononçant la peine de l'un et l'autre, pourrait,
dans une appréciation plus intime encore de leur culpabilité respective, modérer la peine d'une manière
différente pour chacun d'eux; il pourrait n'accorder à
l'un que le premier degré d'atténuation dans l'échelle
de la pénalité, et accorder à l'autre la faveur du second
degré d'abaissement.

Enfin, dans le cas où la peine édictée par la loi
contre le fait principal est une peine alternative, rien
n'empêche de prononcer contre l'auteur et contre le
complice une peine différente.

L'âge peut encore être une cause de différence entre
la peine appliquée au complice et celle appliquée à
l'auteur. Si le mineur de seize ans a eu un complice
dans l'accomplissement de son crime, et si ce complice est capable d'une complète responsabilité pénale,
on lui appliquera la peine prononcée par la loi en
thèse générale, selon la règle ordinaire, et non point
celle appliquée par exception au mineur de seize ans,
à raison d'une considération personnelle à celui-ci, et
qui est puisée uniquement dans la pitié légitime que
doit inspirer son jeune âge.

L'état de récidive pourra aussi faire varier la pénalité vis-à-vis de l'auteur et du complice, car cette
cause d'aggravation n'affecte point le fait lui-même,
mais seulement le récidiviste.

Les antécédents judiciaires et les faits postérieurs

au crime, faits qui ne font point partie de l'acte commun aux auteurs et aux complices, et qui ne sont liés au fait principal, tout au plus, que par un lien de connexité, sont entièrement personnels à leur sujet, et ne doivent point retomber sur les autres complices : de là encore une différence de peine. En résumé, trois propositions se dégagent nettement de l'article 59 :

1º Le fait de complicité se caractérise par le fait principal ;

2º A raison de considérations étrangères à l'incrimination, la peine peut ne pas être la même pour le complice et pour l'auteur principal ;

3º Le complice ordinaire ne subit pas une aggravation à raison d'une circonstance qui ne se rattache qu'à sa personne.

Cette troisième proposition exige quelques développements.

L'article 59 pose en principe, d'une part, que la même peine est applicable au fait principal et au fait de complicité ; d'autre part, que cette peine est celle dont la loi punit le fait principal. Il en résulte que si, dans la détermination de la peine, on tenait compte de la circonstance aggravante personnelle au complice, l'une ou l'autre de ces deux règles serait nécessairement méconnue. Si l'on se bornait à prononcer contre l'auteur principal la peine attachée au fait dont il s'est rendu coupable, peine aggravée par les circonstances qui lui sont exclusivement personnelles, il n'y aura plus alors parité de peine entre le fait principal et le fait de complicité. Supposons, au contraire, qu'on applique à l'auteur principal comme au complice la peine

9

aggravée par le fait de ce dernier ; la règle de l'article 59, qui prescrit l'identité de peine, sera sans doute observée ; mais celle qui enjoint d'appliquer la peine du fait principal sera violée, puisqu'on aura appliqué celle du fait de complicité. Il est donc positif qu'il ne faut pas, dans l'application de la peine, tenir compte d'une circonstance aggravante qui aurait sa source dans la personne du complice. De cette règle résulteront, dans certains cas, des effets étranges : ainsi, un père viole sa fille, il subit une aggravation de peine qui frappe également son complice ; mais supposons qu'un étranger viole la fille de ce même père, et que le père soit complice de cet attentat : il ne subira aucune aggravation de peine ! Autre exemple : un étranger aide un fils à tuer son père ; il encourt, dans ce cas, la peine de parricide. Le fils qui aide à tuer son père, le fils qui est provocateur de la mort de son père, qui joue dans ce drame affreux le rôle d'auteur intellectuel aux yeux de la science rationnelle, ce fils impie qui, à prix d'argent, fait donner la mort à son ascendant par un étranger n'est pas traité en parricide ! La conscience publique se soulève contre de pareils résultats ; cependant ces résultats sont forcés, inévitables, si l'on veut interpréter fidèlement notre Code. La Cour de cassation s'est prononcée dans le même sens que nous par de nombreux arrêts (21 mars 1844, 20 octobre 1856, etc.).

§ IV.

Relativement à l'application de la peine, l'article 59 nous amène à émettre la proposition suivante : la peine du fait de complicité se déterminant par celle du fait principal, il suffit qu'un fait de cette nature, constitutif d'un crime ou d'un délit, soit reconnu contradictoirement avec le complice pour que celui-ci soit punissable, quoique l'auteur principal n'ait été ni condamné ni poursuivi. La jurisprudence de la Cour de cassation a reconnu la généralité de ce principe (24 avril 1812, 23 avril 1813, 22 janvier 1830, 12 mars 1831, 10 juillet 1851, 3 novembre 1853). — Les cas où notre hypothèse peut se réaliser le plus ordinairement sont : l'absence de poursuites contre l'auteur principal, l'acquittement, la fuite ou le décès.

Il peut se faire que l'auteur d'un fait criminel ou délictueux ne soit pas connu ; néanmoins, le ministère public ne verra pas pour cela son action suspendue à l'égard des complices qui lui sont connus. Quand il est certain qu'un fait punissable a été commis, bien que l'auteur principal du crime ou du délit ait échappé aux recherches des magistrats, il peut être facile de démontrer d'une façon évidente, irréfutable, la culpabilité de l'un des complices, et alors, cette preuve étant faite, il est juste et rationnel que ce complice soit condamné par les tribunaux.

La fuite ou le décès de l'auteur principal ne serait point davantage obstacle à la poursuite des complices. La fuite de l'auteur peut même, jusqu'à un certain point, être considérée comme une présomption de culpabilité. L'absolution du mineur de seize ans pour défaut de discernement n'affranchirait point non plus les complices des conséquences du crime ou du délit auquel il a concouru.

Le décès de l'auteur principal n'a et ne doit avoir

aucun effet sur le sort des complices, dont la culpabilité est complétement indépendante du fait qui est venu frapper leur associé dans l'action criminelle qu'il venait de commettre. Pour qu'il y ait lieu à la condamnation du complice, il suffit que le fait matériel du crime ou du délit existe; que ce fait matériel soit reconnu contradictoirement avec celui qui est accusé ou prévenu d'en être le complice, et que les faits de complicité aient les caractères voulus par la loi pour les rendre criminels.

Acquittement de l'auteur principal. — L'acquittement même de celui qui comparaît comme accusé ou comme prévenu du fait principal ne fait point obstacle à la condamnation du complice. Ainsi, il peut arriver que la justice ait commis une erreur dans la poursuite de l'auteur principal : cette erreur ne doit pas empêcher la condamnation des complices reconnus coupables. La déclaration du jury qui acquitte un accusé n'implique nullement la non-existence du fait : l'auteur principal peut avoir été acquitté soit parce qu'il était fou, soit parce qu'il était insensé, soit parce qu'il avait cédé à quelqu'une de ces influences mystérieuses et funestes qui font quelquefois disparaître complétement la liberté de l'agent, et, par suite, sa responsabilité, soit enfin parce qu'il était mineur de seize ans et sans discernement. Jean et Joseph sont poursuivis à raison d'un même fait, Jean comme auteur principal, Joseph comme complice. Il est reconnu que Jean n'est pas coupable; quant à Joseph, il est jugé contre lui tout à la fois que le fait matériel du délit existe avec tous ses caractères, et qu'il s'en est rendu complice en assistant Jean par l'un des modes prévus par l'article 60.

Ces deux décisions sont-elles inconciliables, contradictoires ? leur contradiction doit-elle entraîner au bénéfice de Joseph la révision du jugement prononcé contre lui ?

La contradiction n'est qu'apparente ; en réalité, elle n'existe pas. Au premier abord, il semble, en effet, qu'il y ait contradiction entre les verdicts qui acquittent un auteur principal et condamnent les complices. Si, en effet, nous nous servons de l'espèce où nous mettons en jeu Jean et Joseph, on peut faire le raisonnement suivant : si Joseph est déclaré coupable d'avoir coopéré à un crime ou à un délit, il n'est déclaré complice que du crime ou du délit commis par Jean ; mais si, d'un autre côté, Jean n'est pas coupable de ce crime ou de ce délit, comment admettre que Joseph puisse être puni comme complice de Jean ? Est-ce que l'existence d'un fait principal criminel n'est pas essentielle à une imputation de complicité ? Or, dans l'espèce, le fait principal, en admettant qu'il soit constant, n'est pas criminel, n'est pas punissable, puisque l'auteur n'est pas coupable, attendu qu'il a agi sans intention mauvaise.

Ce raisonnement n'est pas exact. En effet, de deux personnes accusées d'avoir participé ensemble à un même fait, il peut très-bien se faire que l'une soit reconnue coupable et l'autre innocente, sans qu'il y ait lieu de s'étonner de ce résultat ; car, outre la matérialité de l'acte, que nous supposons constante à l'égard du complice aussi bien qu'à l'égard de l'auteur, il faut considérer *la moralité de l'action*. Au point de vue de la matérialité de l'acte, il y a sans doute corrélation nécessaire entre le fait de l'auteur et le fait du complice ; mais au point de vue de la moralité de l'action, cette corrélation n'existe point ; il y a au contraire une indépendance absolue entre le fait de l'un et le fait de l'autre. Il est donc possible, admissible que l'auteur principal n'ait pas été jugé moralement, pénalement responsable du fait criminel, tandis que le complice aura été reconnu coupable d'avoir participé à ce fait avec toutes les conditions constitutives de la responsabilité pénale. Il n'y a donc pas contradiction entre les verdicts qui acquittent un auteur principal et condamnent les complices. De pareils arrêts ne sont point en opposition avec l'art. 59, qui, comme nous l'avons vu, ne fait pas obstacle à ce que l'on traite chaque participant suivant sa moralité, suivant son degré de responsabilité.

Cependant on nous fait encore une objection ; on nous dit : le fait principal manque toujours de l'un de ses éléments constitutifs, de *l'élément intentionnel* qui doit lui donner sa criminalité.

Cette objection est facile à réfuter. Lorsque la loi caractérise un crime ou un délit, elle n'établit pas les *conditions* de la responsabilité à laquelle peut donner lieu ce crime ou ce délit. Elle ne va pas si loin : elle se contente de désigner un fait, l'étendue du préjudice qu'il a causé à la société ; elle désigne les circonstances *matérielles* dans lesquelles ce fait s'est accompli ; quelquefois elle s'arrête à la qualité de la personne qui en est l'auteur ; elle établit *en thèse générale* les conditions de la criminalité, conditions invariables, *intrinsèques au fait lui-même* ; elle laisse de côté les conditions *extrinsèques*, c'est-à-dire les responsabilités individuelles ; elle dit seulement : telles conditions matérielles, déterminées, fixes, constituent tel délit, tel crime; elle ne s'occupe pas de personnalités, elle parle en thèse générale. Quand l'instruction a trouvé réunies ces conditions matérielles qui constituent l'existence du fait prévu par la loi, c'est alors que les tribunaux, que les jurés ont à apprécier les conditions morales, les conditions personnelles de la responsabilité; et quand ces conditions morales, faisant défaut, conduisent à l'acquittement de l'un des agents, de l'un des complices, elles n'empêchent pas, à l'égard des autres complices ou de l'auteur principal, la punition d'un fait qui réunit les conditions *matérielles* prévues par la loi. Donc, malgré l'acquittement de l'auteur principal déclaré *irresponsable*, le complice peut être puni comme réunissant toutes les conditions de la responsabilité pénale. Si la criminalité du fait n'a pas été reconnue à l'égard de l'auteur aussi bien qu'à l'égard du complice, celui-ci seul doit être condamné.

La Cour de cassation, par arrêt du 19 février 1850, a pleinement confirmé ce principe. Dans cet arrêt, elle déclare « qu'en matière criminelle, la question de culpabilité comprend deux éléments distincts: la matérialité du fait, et l'intention criminelle de son auteur; que le jury peut donc, en admettant l'existence du fait matériel, écarter la criminalité de l'intention; qu'il suit de là que la réponse négative du jury à la question de culpabilité de l'auteur principal ne forme point obstacle à ce que la question soit résolue affirmativement à l'égard du complice; qu'une déclaration ainsi formulée ne présente ni contradiction ni inconciliabilité dans ses dispositions; qu'il en résulte seulement que le jury apprécie différemment la criminalité de l'intention à l'égard de l'un et de l'autre. »

Remarquons que la tentative de complicité n'est point, dans notre Code, punissable comme la tentative du crime ou du délit ; aucune disposition n'établit de complicité de ce genre, et, du reste, l'utilité sociale n'apparaît point pour la répression de tentatives de cette nature. Dès lors, en l'absence de texte spécial, nous croyons que la tentative de complicité ne peut jamais être l'objet d'une poursuite judiciaire.

CHAPITRE VI.

Explication de l'article 55 du Code pénal. — De la solidarité entre les complices d'un crime ou d'un délit. — L'article 55 est-il applicable aux contraventions?

§ I.

L'article 55 du Code pénal est ainsi conçu : « *Tous* » *les individus condamnés pour un même crime ou* » *pour un même délit seront tenus solidairement des* » *amendes, des restitutions, des dommages-intérêts* » *et des frais.* » Il résulte de ce texte qu'il y a solidarité entre les auteurs et les complices pour le payement des amendes prononcées contre eux. Cette solidarité existe de plein droit, puisqu'elle est prononcée par une des dispositions de la loi (art. 1202 du Code civil); elle ne peut être prononcée contre les individus condamnés pour un même crime ou un même délit que par un seul et même jugement. Il n'est pas nécessaire, du reste, que les arrêts ou jugements la prononcent expressément.

Il n'y a pas, en matière de délits, de solidarité proprement dite, mais seulement une obligation *in solidum*. De là, plusieurs conséquences importantes. Des coauteurs ou complices d'un même délit n'étant pas réputés mandataires respectifs, et leur dette n'étant pas une, il en résulte que les actes faits avec l'un d'eux ne peuvent être opposés ni profiter aux autres. Ainsi, 1° la poursuite à l'égard de l'un n'interrompra pas la prescription à l'égard des autres, sauf en ce qui concerne les crimes et délits auxquels sont applicables les dispositions des articles 637 et 638 du Code d'instruction criminelle ; 2° il en sera de même de la reconnaissance faite par l'un des coupables ; 3° mais, par la même raison, le jugement, sa remise, la novation obtenue par l'un d'eux, son serment libératoire, ne profitent pas aux autres ; 4° lorsqu'un des coupables est actionné pour le tout, il ne peut obliger le créancier à lui céder ses actions contre ses coauteurs ou complices, et ne peut se prévaloir contre lui de la disposition de l'article 2037, à supposer que cet article soit applicable aux débiteurs solidaires ; 5° entre les coupables, l'obligation ne se divise pas de plein droit comme entre les débiteurs solidaires : la division doit être faite par les juges.

Bien que ni l'auteur ni le complice d'un délit ne puisse obliger le créancier à lui céder ses actions contre ses coauteurs ou complices, ne peut-il pas exercer un recours contre eux, s'il a acquitté la totalité de la dette ? En droit romain, on ne lui accordait, dans ce cas, ni l'action *pro socio*, ni l'action *mandati*, et la raison qu'on en donnait c'est qu'il ne peut y avoir ni société ni mandat en matière de crimes ou délits ; mais, en écartant ces deux actions, on peut en accorder une fondée sur l'équité, et c'est ce que l'on faisait dans notre ancien droit. Pothier enseigne, en effet, que, suivant l'ancienne jurisprudence française, qui s'écartait sur ce point du droit romain, celui qui avait payé la totalité d'une dette solidaire provenant d'un délit pouvait exercer son recours contre les autres délinquants. Nous croyons que cette décision doit être suivie ; car la cause de la réclamation, ce n'est pas le délit, c'est le payement d'une dette commune à plusieurs, et que l'équité ne permet point de faire peser sur un seul ; mais il ne pourrait exercer son recours que par voie d'action civile ordinaire ; il ne pourrait point se prévaloir des droits et priviléges du créancier qu'il a payé.

§ II.

L'article 59 ne nous parle que des crimes et des délits : on conclut de ce silence qu'il est inapplicable aux *contraventions de simple police*, à moins qu'il n'en soit ordonné autrement par une disposition formelle de la loi. Les complices des contraventions ne peuvent donc devenir punissables que si un texte positif les assimile à l'auteur même de la contravention, comme le fait l'article 470, n° 8, du Code pénal pour les complices de tapages injurieux ou nocturnes.

C'est une question très-controversée que celle de savoir si les dispositions du Code pénal sur la complicité sont applicables aux *délits-contraventions*, prévus par les lois spéciales, c'est-à-dire aux infractions qui, bien que punies de peines correctionnelles, ne sont, au fond, que des contraventions matérielles, punissables indépendamment de la bonne ou de la mauvaise foi de leur auteur. La Cour de cassation a été appelée à se prononcer sur cette question, à propos de contraventions de presse. Par arrêt du 18 janvier 1807, adoptant la solution négative, elle a décidé que les dispositions du Code pénal sur la complicité ne sont point applicables aux délits-contraventions.

L'article 15 de la loi du 11 mai 1868 sur la presse établit que « l'*article 463* (du Code pénal) *est applicable aux crimes, délits et contraventions commis par la voie de la presse.* » Du principe auquel se trouve naturellement rattaché cet article 15 sur les circonstances atténuantes, il semble résulter que les dispositions du Code pénal sur la complicité sont applicables sans distinction, et d'une façon générale, à toutes les infractions aux lois sur la presse. Certains jurisconsultes l'ont ainsi pensé. Toutefois, la Cour de cassation a cru devoir persister dans l'interprétation consacrée par son arrêt du 18 janvier 1807.

Et nous ne pouvons que l'approuver, car les articles du Code, relatifs à la complicité, ne s'occupant que des crimes et des délits, ne peuvent s'appliquer à des actes tout différents, punissables par le fait seul de leur existence, indépendamment de l'intention, de l'erreur, de la bonne foi.

La Cour de cassation a refusé aussi d'appliquer aux contraventions l'art. 55 du Code pénal, relatif à la solidarité. Elle a décidé que la solidarité des amendes, n'étant prononcée que dans le cas de condamnation pour un même crime ou un même délit, est inapplicable aux individus condamnés pour une même contravention, encore bien qu'il s'agirait d'une contravention punie par une loi spéciale de peines correctionnelles, et déférée à la juridiction correctionnelle. La Cour a jugé, notamment, que l'art. 55 était inapplicable aux individus condamnés comme coau-

teurs d'un fait d'introduction ou de distribution, en France, de journaux politiques étrangers, sans l'autorisation du gouvernement (Décret du 17 janvier 1852, art. 2). Elle a été appelée à trancher cette question, par arrêt du 3 avril 1860, dans le procès de Henri Rochefort. Voici un extrait de cet arrêt : « Attendu
» que l'infraction prévue par l'art. 2 du décret du
» 17 février 1852 rentre dans la classe des contra-
» ventions punissables par le seul fait de leur exis-
» tence matérielle, indépendamment de toute inten-
» tion criminelle de la part de leur auteur; qu'à ce
» titre, elle est exclusive de la complicité légale, telle
» qu'elle est définie par les art. 59 et 60 du Code pénal,
» restrictivement applicables en matière de crimes ou
» délits, et qu'elle ne peut résulter que d'une parti-
» cipation directe et personnelle des prévenus au fait
» incriminé....., etc. » Et plus loin l'arrêt ajoute :
« Attendu qu'à la différence de l'art. 42, titre II, de
» de la loi des 19-22 juillet 1791, qui déclarait expres-
» sément solidaires entre les complices les amendes
» de la police correctionnelle et municipale, l'art 55
» du Code pénal porte seulement que tous les indi-
» vidus condamnés pour un même crime ou pour
» un même délit seront tenus solidairement des
» amendes; que cette disposition ne peut être étendue
» aux contraventions, à moins d'une déclaration spé-
» ciale de la loi, etc. » (Arrêt de la chambre criminelle de la Cour de cassation du 3 avril 1860.).

Ainsi, il demeure établi par la doctrine de la Cour de cassation que l'art. 55 du Code pénal est inapplicable aux contraventions, et n'a trait qu'aux crimes et délits.

M. Duranton (XI, 194) ne partage point l'opinion émise par la jurisprudence : le savant professeur croit que l'art. 55 du Code pénal doit s'appliquer aux simples contraventions comme aux crimes ou délits ; « nous croyons, dit M. Duranton, que le mot *délit*, dans l'art. 55, est une expression énergique s'appliquant aussi aux simples contraventions ; » et il ne donne aucune raison de cette croyance. Mais, comme l'avait très-bien observé Toullier, ce sens générique est évidemment inadmissible, puisque le Code pénal, après avoir posé en principe, et dès son début, la distinction capitale des crimes, des délits et des contraventions (art. 1er), ne s'occupe que des *crimes* et des *délits* dans chacun des chapitres des trois premiers livres (où se trouve l'art. 55), pour n'arriver aux contraventions que dans son livre quatrième, et que l'article 55 lui-même a soin de ne déclarer tenus solidairement que « les individus condamnés *pour un même crime ou pour un même délit.* » Ainsi, l'article prévoit distinctement les deux cas, en ayant soin de ne pas ajouter le troisième ; et son texte, aussi bien que la place qu'il occupe, rendent impossible l'idée de M. Duranton…. Parlera-t-on d'analogie ? Mais, outre qu'elle n'existe pas (puisque des crimes ou des délits sont choses plus graves et plus sévèrement punissables que des contraventions), c'est M. Duranton qui nous dit, au même n° 194, que « prononcer par analogie, » ce serait ajouter à la loi, précisément dans une ma- » tière où la loi elle-même défend que l'on étende » ses dispositions. »

CHAPITRE VII.

Détermination du coauteur. — Intérêt de la distinction entre le coauteur et le complice. — Influence des coauteurs sur l'incrimination. — Position des coauteurs. — Responsabilité pénale des coauteurs.

§ I.

Nous avons qualifié de coauteur celui-là seulement qui, *directement* et d'une manière *intrinsèque, a participé personnellement au crime ;* tout autre agent est un simple complice.

Il ne faut point confondre, ainsi que l'a fait la Cour de cassation dans son arrêt du 24 août 1827, les complices par assistance avec les coauteurs mêmes du crime. Cette confusion sera facilement évitée, si l'on veut bien s'attacher scrupuleusement à la lettre du dernier paragraphe de l'article 60. Il est bien vrai que le Code n'a déclaré nulle part quels sont, parmi les agents nombreux qui prennent part à la consommation du crime, ceux qui sont complices et ceux qui sont coauteurs. La raison de ce silence vient de ce que le législateur de 1810, ayant admis dans toute sa rigueur le principe de l'assimilation, n'a point vu d'utilité à distinguer le complice du coauteur. Il peut y avoir cependant un très-grand intérêt à établir cette distinction ; nous le montrerons tout à l'heure. La limite

entre le coauteur et le simple complice n'est posée
nulle part d'une façon catégorique dans les textes ;
mais l'esprit du Code et le plus simple bon sens nous
obligent de classer parmi les coauteurs ceux-là seulement qui ont joué le rôle de *cause génératrice et principale.*

Dans la jurisprudence, nous rencontrons les solu-
tions les plus diverses sur la détermination de la coopération : ainsi, il a été jugé que la coopération, et non
pas la simple complicité, existait dans l'action de
faire le guet en dehors d'une maison, tandis qu'un
autre individu commettait un vol dans l'intérieur. On
a également reconnu la coopération dans le fait, de
la part de plusieurs individus, de s'être rendus coupables d'avoir, ensemble et de complicité, commis
une tentative de meurtre. Quant à nous, nous pensons que ce qu'il y a de plus sage, c'est de s'en tenir
à la lettre de la loi (art. 60). Cette interprétation littérale nous conduit forcément à ne reconnaître le caractère de cause génératrice et principale, c'est-à-dire
d'auteur ou coauteur, que dans les acteurs du drame
qui ont participé, *personnellement et par un acte matériel, à la perpétration du crime ou délit.*

Ainsi, deux individus ont assailli, renversé, frappé,
tué ensemble un voyageur : ils sont tous les deux coauteurs, car ils ont l'un et l'autre participé personnellement et matériellement au crime ; mais si l'un de ces
deux individus a seulement tenu la victime pendant que
l'autre la frappait, il n'est que complice, attendu que
le fait de tenir une personne pendant qu'une autre lui
donne la mort ne constitue pas *l'acte matériel* de frapper, de poignarder, d'assommer en un mot, l'acte

matériel d'enlever *directement* la vie à la victime.

Définissons donc le coauteur : *celui qui, spontané-
ment ou sous l'influence d'autrui, ayant conçu l'idée
d'un crime, a librement coopéré à son exécution matérielle par des actes essentiels et principaux.*

§ II.

Il reste à examiner quel est, dans la pratique, l'intérêt de la distinction entre le complice et le coauteur.

Et d'abord, les coauteurs subissent tous l'aggravation résultant des circonstances aggravantes, soit
inhérentes au fait même, soit personnelles à l'auteur
principal. Ce point est hors de doute ; la situation des
coauteurs ne saurait être meilleure que celle des complices.

La peine applicable au coauteur est évidemment
celle du crime ou du délit ; de ce qu'il y a plusieurs
auteurs, il ne s'ensuit pas qu'ils ne soient responsables, chacun individuellement, du crime que chacun
a en réalité commis. Il est de toute justice que l'influence des circonstances aggravantes, matérielles ou
personnelles à l'auteur principal, rejaillissent sur les
coauteurs.

Jusqu'ici nous ne trouvons aucune différence entre
le coauteur et le complice ; mais nous avons vu que les
circonstances aggravantes personnelles au complice
n'étaient point prises en considération pour la détermination de la pénalité de l'auteur principal ; il n'en
est pas de même lorsque ces circonstances aggravantes
sont personnelles à un *coauteur*. Ce dernier importe
sa personnalité dans l'incrimination, contrairement à

10

ce qui se passe pour le complice : la qualité , la circonstance aggravante ne remonte pas de la personne du
complice à la personne de l'auteur principal : la criminalité du complice ne rejaillit pas sur l'auteur ;
c'est la criminalité du fait principal qui sert de base
pour l'appréciation de la responsabilité de chaque
complice. Ainsi, règle générale : *c'est l'auteur principal qui importe dans l'incrimination toutes les circonstances aggravantes dérivant soit de ses actes, soit
de sa personnalité.* Or, le coauteur est précisément un
auteur principal ; donc ses actes et sa personnalité
doivent entrer en ligne de compte lorsqu'il s'agit d'apprécier la criminalité du fait principal. Si ces actes, si
cette personnalité du coauteur constituent une circonstance aggravante, ils devront élever le fait punissable
dans l'échelle des crimes et des délits , *et c'est la peine
de ce fait modifié qui deviendra commune à tous ceux
qui y ont concouru.*

Le lien qui engage les coauteurs dans la responsabilité du crime est assurément plus fort que celui qui
rattache les complices ; ils doivent donc, *à fortiori,*
subir les conséquences de l'aggravation qui dérive du
fait ou de la personnalité de l'un d'eux.

Ainsi le vol simple devra se transformer en vol
domestique, si l'un des coauteurs est un serviteur à
gages ; le meurtre devra se changer en parricide , s'il
se trouve parmi les coauteurs un descendant de la
victime.

Mais ici on nous fait une objection : les articles 59
et 60, dit-on, ne se réfèrent *qu'aux complices ;* donc,
ils excluent par là même l'application aux *coauteurs*
des principes qu'ils posent.

On réfute cet argument en répondant : aux termes mêmes de l'article 59, *l'auteur* importe dans la criminalité do *l'acte principal*, toutes les aggravations dérivant de son fait ; or, l'imputation qui pèse sur la personne d'un *coauteur* est précisément celle *du fait principal* tel qu'il se comporte, c'est-à-dire aggravé par les actes ou la qualité de l'un quelconque des coauteurs. Donc, la peine que chacun d'eux doit subir est celle du crime ou du délit, tel qu'il a été aggravé.

La Cour de cassation a déclaré dans ce sens « que les coauteurs sont assimilés à l'auteur même de l'infraction, que le crime ou le délit n'est plus le fait d'un seul, qu'il y a une coopération commune à l'acte incriminé. »

Quel sera, à l'égard des coauteurs, l'effet d'une cause d'excuse se rencontrant dans la personne de l'auteur principal ? Nous croyons que les coauteurs devront profiter du bénéfice de cette excuse : rien, en effet, dans la loi n'indique qu'il faille les en priver. L'excuse fait qu'en réalité le crime auquel ils ont participé a été transformé et est devenu moins grand ; dès lors, nous ne voyons pas pourquoi les coauteurs ne profiteraient pas de cette circonstance.

La Cour de cassation, persévérant dans la même doctrine que pour les complices, décide que les coauteurs ne pourront pas profiter des excuses personnelles à l'auteur principal, quoique ces excuses affectent la criminalité même du fait.

Dans certains cas, le concours de plusieurs coauteurs dans l'exécution d'un crime parait au législateur une circonstance aggravante qui mérite une peine plus sévère (article 386 du Code pénal). Supposons

un vol commis par deux personnes : si l'un des agents
du vol est considéré comme complice, il y a un vol
simple, sans la circonstance aggravante de la réunion
de plusieurs personnes ; si, au contraire, cet agent est
considéré comme coauteur, il y a réunion de plusieurs
personnes, et, par conséquent, l'article 386 devra recevoir son application.

Une dernière différence entre le coauteur et le complice est relative à la procédure ; les questions à poser
et à résoudre à l'égard de l'un ou de l'autre sont en
effet fort différentes. C'est sur l'auteur que se posent
les questions du fait principal constituant le crime ou
le délit, et les questions de circonstances aggravantes
ou d'excuses de nature à affecter la criminalité de
l'acte.

Quant au complice, la question posée est celle de la
complicité, dans les termes de celui ou de ceux des
modes de complicité prévus par l'article 60, que l'accusation lui attribue.

§ III.

Nous ne pouvons quitter cette partie de notre étude
sans nous occuper de la solution d'une question fort
intéressante que fait naître la combinaison des articles
321 et 322 avec les articles 323 et 324 du Code pénal.
C'est une des questions les plus délicates de la complicité. Il s'agit d'abord de savoir si les articles 323
et 324, qui déclarent le parricide et, en général, le
meurtre du conjoint inexcusables, font obstacle à ce
que le coauteur, descendant ou conjoint de la victime,
invoque le bénéfice accordé dans certains cas par les
articles 321 et 322.

L'affirmative ne nous paraît pas douteuse; le coauteur, en effet, est *l'un des auteurs* du crime, à tel point que sa personnalité, s'il y a lieu, constitue l'un des éléments de l'incrimination. Donc, s'il est descendant ou conjoint de la victime, les circonstances prévues par les articles 323 et 324 sont réalisées, et le sont par son propre fait. Il faut donc appliquer ces deux dispositions et refuser au coauteur le bénéfice de l'excuse accordée par les deux précédentes.

Jusque-là, point de difficulté. Mais il faut maintenant nous demander si, dans la même hypothèse, et la solution précédente admise, les *autres coauteurs* du crime conservent le droit d'invoquer les articles 321 et 322. Nous croyons que l'affirmative doit être adoptée. Nous rappellerons, à ce sujet, ce que nous avons dit pour les complices : les deux dispositions exceptionnelles qui nous occupent *ne modifient en rien la criminalité du fait principal en lui-même;* elles sont, au contraire, purement *personnelles au descendant ou au conjoint auteur du meurtre;* en sorte que l'imputation qui pèse sur les autres coauteurs n'est relative qu'à un crime toujours soumis, à leur égard, à l'application des règles ordinaires de la pénalité.

Pour nous résumer sur la double question que nous venons de traiter, nous dirons en une formule que l'inexcusabilité des articles 323 et 324 est applicable au coauteur descendant ou conjoint de la victime, mais à celui-là seul.

Dans une autre partie de ce travail, nous avons examiné la difficulté qu'a fait naître l'article 380 du Code pénal, relativement à l'étendue de la responsabilité du coauteur étranger. Nous ne reviendrons pas sur cette question. Rappelons seulement que, suivant nous, ce coauteur étranger est responsable *pénalement,* quoique le coauteur, conjoint ou descendant, ne soit responsable que *civilement,* par suite d'une faveur absolument personnelle.

Cette solution conduit à une conséquence qui n'est pas sans intérêt. En effet, si quelque personne a participé accessoirement à l'accomplissement du vol dont parle l'article 380, et dans les conditions prévues par l'article 60, elle s'est rendue complice d'un fait punissable ; elle retombe sous l'application des règles générales. Il est donc à remarquer que l'introduction dans le délit d'un personnage étranger, ayant la qualité de coauteur, modifie entièrement la situation des complices engagés dans la responsabilité de ce délit.

Ici se termine l'examen que nous avions à faire des principales questions qui se posent sur l'appréciation de la responsabilité pénale du coauteur.

Elles nous ont montré l'intérêt qu'il y a à faire la distinction entre le cas de complicité et le cas de coopération.

CHAPITRE VIII.

Applications spéciales des principes généraux de la complicité. Corruption de fonctionnaires publics.

§ I.

La nouvelle loi de 1863 ayant modifié l'article 177 du Code pénal, la rédaction nouvelle prévoit deux ordres de fait condamnables : 1° recevoir de l'argent ou des dons pour accomplir un acte de sa fonction, alors même que cet acte serait juste ; 2° recevoir de l'argent ou des dons pour s'abstenir de faire un acte dans l'ordre de ses devoirs. La modification apportée à la rédaction de l'article 177, ainsi qu'à celle de l'article 179, a eu pour but, d'abord, d'assimiler aux fonctionnaires publics les arbitres ou experts qui se laisseraient corrompre ; et, en second lieu, de créer une nouvelle catégorie de principes qui, d'après l'ancienne loi, étaient impunis.

L'ancien article 179 ne prévoyait pas le fait de recevoir de l'argent ou des dons *pour s'abstenir* de faire un acte dans l'ordre de ses devoirs. La modification de 1863 a mis en complète harmonie l'article 179 avec la disposition de l'article 177 : désormais les corrupteurs seront punis lorsqu'ils auront engagé un fonctionnaire soit à agir, soit à s'abstenir.

Le corrupteur doit-il être puni comme le fonctionnaire corrompu, pour avoir sollicité un acte même juste en lui-même? Par arrêt du 24 mars 1827, la Cour suprême a résolu la question dans le sens de l'affirmative, et s'est appuyée sur ce que les termes employés dans l'article 179 sont *généraux*, et que la disposition de cet article n'a point reproduit ces mots « *même juste*, » placés dans l'article 177. L'argument de la Cour de cassation se tire du texte de la loi; malgré cela, nous croyons que son système est faux.

L'article 179, dit-on, n'a point reproduit les mots « *même juste*, » employés dans l'article 177. Ceci s'explique parfaitement. Il y a, en effet, entre les deux hypothèses une différence très-grande qu'il est facile de saisir. On conçoit très-bien que le fonctionnaire qui accepte de l'argent pour accomplir un acte auquel il est astreint par ses fonctions mêmes soit coupable et digne de reproches; mais il n'en est pas de même du provocateur. Quant à celui-ci, la criminalité se puise dans l'immoralité et *dans l'injustice* du fait auquel il a provoqué le fonctionnaire. Les offres ou les présents, indépendamment de toute proposition, ne constituent ni crime ni délit : c'est donc *la proposition elle-même* qui fait la base du crime ; mais comment cette proposition pourra-t-elle devenir *criminelle* si elle n'a pour objet qu'un *acte juste et légitime?* On ne se l'explique guère : car celui qui a fait la proposition est étranger à l'administration; dès lors, il nous semble bien évident qu'il n'est pas tenu par les liens des mêmes devoirs que le fonctionnaire lui-même.

Il ne commet un délit que lorsqu'il viole un devoir commun ; mais il n'enfreint ce devoir que lorsqu'il cherche à corrompre, c'est-à-dire à obtenir, à prix d'argent, *un acte injuste, un acte immoral*.

Remarquons, en terminant, que si les tentatives de contrainte ou de corruption n'ont eu aucun effet, les auteurs de ces tentatives ne seront punis que d'une peine moindre, qui variera d'un emprisonnement de trois mois à six mois, et d'une amende de 100 à 300 fr. Nous trouvons là un délit distinct, et non plus un fait de complicité rentrant dans notre étude.

§ II.

La loi sur le recrutement de l'armée, votée le 27 juillet 1872, contient dans son titre V plusieurs dispositions relatives aux complices par corruption.

L'article 66 est ainsi conçu : « Les médecins, chirurgiens ou officiers de santé qui, appelés au conseil de révision à l'effet de donner leur avis, conformément aux articles 16, 18, 28, ont reçu des dons ou agréé des promesses pour être favorables aux jeunes gens qu'ils doivent examiner, sont punis d'un emprisonnement de deux mois à deux ans. »

L'article 63, parlant des jeunes gens qui se seront rendus impropres au service militaire, déclare que la peine prononcée contre eux est également prononcée contre leurs complices. « Si les complices sont des » médecins, chirurgiens, officiers de santé ou phar- » maciens, la durée de l'emprisonnement sera de » deux mois à deux ans, indépendamment d'une » amende de deux cents francs à mille francs qui peut

» aussi être prononcée, et sans préjudice de peines
» plus graves dans les cas prévus par le Code pénal. »

L'article 60, après avoir parlé des fraudes ou manœuvres par suite desquelles un jeune homme a été omis sur les tableaux de recensement ou sur les listes du tirage, ou bien a été dispensé ou exempté par le conseil de révision, ajoute : « *Les auteurs ou complices seront punis des mêmes peines.* » Nous trouvons donc là une assimilation complète entre les différents agents du délit.

« Si le jeune homme omis a été condamné comme
» auteur ou complice de fraudes ou manœuvres, les
» dispositions de l'article 14 lui seront appliquées lors
» du premier tirage qui aura lieu après l'expiration de
» sa peine. » C'est-à-dire qu'il sera inscrit par le sous-préfet en tête de la liste du canton auquel il appartient.

D'après l'article 67, les peines prononcées par les articles 60, 62 et 63 sont applicables aux *tentatives des délits* prévus par ces articles. Ainsi, on a voulu que la tentative des délits prévus par ces articles fût punie aussi bien quand elle ne réussit pas que quand elle réussit.

§ III.

DE LA COMPLICITÉ DU DUEL.

Nous savons que, la peine du complice n'étant déterminée que par celle du fait principal, il n'y a lieu à complicité punissable que dans le cas où l'existence d'un *fait principal, constitutif d'un crime ou d'un délit*, a été reconnue contradictoirement avec le complice. Cette théorie va recevoir son application dans la

solution de deux questions importantes : nous vou-
lons parler du duel et du suicide.

Parlons d'abord du duel. Le duel constitue-t-il soit
un crime, soit un délit, et, par suite, les complices
d'un duel peuvent-ils, ou non, être condamnés ?

Écoutons à ce sujet ce que dit M. Lerminier dans
son remarquable ouvrage sur la *Philosophie du Droit* :
« Quand un homme reçoit la mort d'un de ses semblables, il y a là quelque chose de fort triste. La société
a perdu un de ses membres ; un homme a tué son
frère ! Irréparable malheur ! Mais ce fait suffit-il pour
condamner le duel d'une manière absolue, et ne faut-
il considérer que la catastrophe et le cadavre ? N'y
a-t-il pas à mettre en compte le respect de l'individua-
lité humaine, qui, appelée à un combat tragique, n'a
pu s'y refuser sans perdre sa dignité vis-à-vis d'elle-
même et son honneur vis-à-vis des autres ?

» Flétrissons le duel quand il n'est qu'un assassinat
hideux et frivole qui trouble nos réunions, nos spec-
tacles et nos salons ; mais que le législateur sache bien
qu', dans le duel lui-même, philosophiquement considéré, il y a quelque chose de plus grave que les
petites satisfactions d'une vanité ridicule. L'homme
n'existe socialement que s'il est estimé de lui-même et
des autres, et il doit toujours retenir le droit de ven-
ger lui-même ces outrages que la société ne vous permet pas de pardonner. La loi ne saurait désarmer à
ce point l'individu, et, pour tout homme libre, ce
droit inaliénable est comme l'épée du gentilhomme,
qui ne le quittait jamais. »

Oui, quand le duel est loyal, quand il est entouré
de garanties qui l'empêchent de dégénérer en guet-

apens, quand il est accepté pour des motifs graves,
sérieux. M. Lerminier a raison ; dans de pareilles conditions, aux yeux de la conscience, aux yeux de la
morale, aux yeux de la philosophie, le duel est permis, le duel est licite; je dis plus : c'est un devoir,
c'est une obligation indiscutable et sacrée. Mais si
nous raisonnons non plus au point de vue philosophique, mais au point de vue du Code pénal, que
faut-il décider? Le duel n'a pas été prévu dans nos
lois; et beaucoup de jurisconsultes considèrent la
question comme insoluble, en pratique du moins.
Pour nous, le duel n'ayant pas été prévu par le Code
pénal, il ne devrait pas y avoir de complicité possible
en cette matière : et cette opinion se trouve confirmée
par la jurisprudence des Cours d'appel, qui ont conti-
nuellement protesté contre la doctrine de la Cour de
cassation, dont le résultat est d'assimiler au meurtrier
celui qui, pour un motif grave, s'est volontairement
offert aux coups de son adversaire, et a eu le malheur
de le tuer (arrêts des Cours d'appel : Poitiers, 30 octobre 1837 ; — Colmar, 12 juillet 1838 ; — Rennes,
22 septembre 1838 ; — Nancy, 20 février 1839 ; —
Paris, 30 novembre 1844 ; — Besançon, 22 juillet
1847 ; — Dijon, 13 octobre 1847 ; — Lyon, 17 janvier
1848). La Cour de cassation avait, dans le principe,
suivi la même doctrine que les Cours d'appel ; mais
M. le procureur général Dupin la décida, en 1837, à
revenir sur une jurisprudence qu'elle avait déjà consacrée par onze arrêts. Depuis cette époque, la Cour
décide que le duel est, selon les cas, un crime ou un
délit, et doit tomber sous l'application des articles
295, 296 et 309 du Code pénal.

En face de cette doctrine, nous sommes bien obligé de raisonner avec elle, dans l'hypothèse de la criminalité du duel. Ce point de départ admis, et le texte de l'article 60 sous les yeux, il faut déclarer complices du duel et punir des peines qui y sont attachées non-seulement ceux qui, comme les témoins, ont avec connaissance aidé ou assisté les auteurs de l'action, mais ceux qui, par dons, promesses, menaces, abus d'autorité ou de pouvoir, machinations ou artifices coupables, auront provoqué au duel, ceux qui ont donné des instructions pour l'accomplir, ceux qui auront procuré sciemment les armes ou instruments du duel. Si le duel est un fait punissable, un crime ou un délit, ces conséquences sont inévitables. Or, quel est le duel qui ne présente pas la réunion de cette série de circonstances, le concours de cette foule d'agents ? Certes, il est difficile de mieux choisir pour donner un exemple complet de tous les cas de complicité prévus par la loi.

Pour être logique et faire l'application exacte de la loi, la pratique devrait donc poursuivre et punir aussi bien que les témoins : et le maître d'armes qui, en vue du combat, a donné ses avis à l'une des parties, et le marchand ou l'ami qui a sciemment fourni les armes, et le complaisant qui a ouvert son enclos aux duellistes, et le cocher qui, sciemment, a conduit les parties et leurs témoins sur le lieu du combat, et le chirurgien qui a assisté à la lutte, et la personne qui, par une exhortation énergique, a décidé l'une des parties hésitante encore, et le chef qui a donné l'ordre à son subordonné de se battre, et tous ceux enfin qui sont, aux termes de l'article 60, les complices du duel.

Le plus souvent, pourtant, on recule devant de pareilles conséquences ; il n'en est que plus intéressant de les signaler. C'est ainsi que la Cour de cassation a déclaré, par un arrêt de 1838, que l'on peut se rendre sur le lieu du combat sans être complice, si on s'y est rendu avec l'intention d'arrêter le combat, et si on a fait tous ses efforts pour atteindre ce résultat. Si, au contraire, les témoins ne peuvent pas prouver qu'ils avaient l'intention d'arrêter l'effusion du sang, s'ils assistent au combat après en avoir réglé les conditions, s'ils chargent les armes ou mesurent les distances, ils doivent, d'après la jurisprudence de la Cour suprême, être déclarés complices et punis comme tels.

Le système de répression suivi par la Cour de cassation est obligé de se cacher sous un autre nom que son nom véritable ; il est obligé de venir emprunter aux matières du meurtre et des coups et blessures volontaires une pénalité édictée pour une criminalité d'une tout autre nature, car, encore une fois, le législateur n'a nullement prévu le cas du duel dans les textes actuels.

L'hypothèse du duel a donné lieu, dans la pratique, à une difficulté curieuse. On s'est demandé si la victime même du duel ne pourrait pas être poursuivie, comme complice par provocation des blessures qu'elle aurait reçues. La Cour de cassation, par son arrêt du 15 octobre 1844, a décidé, avec raison, la question par la négative. Elle s'est fondée d'abord sur ce que la provocation n'est coupable que si elle remplit les conditions de l'article 60, et ensuite sur ce que l'intention criminelle de faire des blessures ne peut être présumée chez le duelliste, relativement à celles qu'il a reçues lui-même.

Une loi est indispensable pour mettre fin aux discussions interminables que soulève la question du duel : il y a là dans notre Code une lacune qu'il est nécessaire de combler le plus tôt possible.

§ IV.

DE LA COMPLICITÉ DU SUICIDE.

Le suicide est-il un crime ou un délit, et, comme conséquence, les complices du suicide sont-ils punissables ?

Au point de vue de la moralité, celui qui prête son assistance aux préparatifs d'un suicide commet assurément un acte mauvais et répréhensible. Ceci ne peut faire de doute aux yeux de la morale et de l'opinion publique.

Mais, au point de vue de notre Code pénal, que devons-nous décider ?

Celui qui est resté dans les bornes d'une simple assistance, qui n'a aidé la victime que dans les préparatifs de cette résolution désespérée, qui n'a accompli que des actes permis en eux-mêmes, et ne constituant pas de leur seul fait une violation de la loi, celui-là n'est responsable que devant Dieu et sa conscience du moment d'égarement qui l'a poussé à prêter son concours à une semblable entreprise. Mais si la coopération a été plus active, si l'assistant ne s'est pas borné aux préparatifs, s'il a, de plus, prêté la main d'une façon directe à la consommation du suicide, nous croyons qu'il doit être puni; mais il faut que la coopération se soit traduite en un acte tellement essentiel à la réalisation du but proposé, qu'on puisse le considérer comme la cause du mal ou d'une partie du mal. La Cour de cassation a suivi ce système, et l'a appliqué dans de nombreux arrêts (10 novembre 1827, 23 juin 1838, 21 août 1851). En cette théorie, elle n'a fait que se conformer aux conclusions de son célèbre procureur général M. Dupin. Ce système est loin d'avoir été admis par tout le monde; il est l'objet de critiques sérieuses, d'objections graves que nous devons examiner.

On repousse volontiers une doctrine qui a pour résultat de punir de la peine du meurtre celui qui consent à donner la mort à un ami malheureux implorant ce dernier secours !

Le consentement de la victime, dit-on, doit écarter toute idée d'assimilation avec le meurtre. L'homicide n'est pas punissable par lui-même, abstraction faite de l'intention du coupable; or, celui qui donne la mort à son semblable, à son parent, à son ami, sur la demande formelle de celui-ci, mutilé sur un champ de bataille, par exemple, ne saurait être responsable, puisqu'il n'a eu aucune mauvaise intention : l'intention a été tout entière dans l'esprit de celui qui a voulu se détruire; la personne qui l'a aidé n'avait nullement la pensée de commettre un fait nuisible, en donnant la mort pour abréger les souffrances d'un malheureux.

L'homicide punissable doit être le résultat d'un dol; or ce dol n'existe pas chez celui qui donne la mort dans les circonstances qui font l'objet de notre hypothèse. On poursuit et l'on dit : le complice du suicide n'est qu'un instrument passif, qui doit être à l'abri de toute poursuite tant que la loi n'aura pas statué sur son action par une disposition spéciale et formelle. Jusque-là, il est impossible de lui appliquer les lois qui répriment soit l'assassinat, soit les blessures volontaires.

Il ne faut pas, ajoute-t-on, se laisser dominer par cette pensée que l'acte, étant immoral, ne peut échapper à la vindicte publique, idée contraire à la vérité, puisque l'on ne peut prononcer de peine que contre les crimes prévus par la loi, et qu'il n'est point permis de décider par voie d'analogie d'un cas à un autre.

A ces arguments, nous répondons, avec la Cour de cassation, par les considérations suivantes :

Celui qui donne la mort à son semblable, même sur la demande formelle de celui-ci, fait des blessures, consomme un homicide avec intention de faire des blessures ou de donner la mort : or ce cas rentre parfaitement dans les cas prévus par la loi, dans les articles relatifs au meurtre et aux coups et blessures.

Sans doute, il y a des considérations, des atténuations de peine à invoquer en faveur du complice de suicide ; mais les circonstances atténuantes, les réductions de peine du minimum, donnent au juge une latitude qui lui permet de satisfaire à tout ce que l'humanité peut exiger. Et, d'ailleurs, les jurés pourront, s'ils le croient utile, écarter la volonté criminelle et réduire le fait à un simple homicide.

Le système que nous combattons est, aussi, anti-social.

Au point de vue de la sécurité publique, il serait fort

dangereux de ne point punir les complices du suicide ;
car s'il passait jamais en législation que le fait dont
il s'agit échappe à la loi pénale, il deviendrait l'excuse
ou l'interprétation banale d'une foule de crimes contre
les personnes, et un encouragement à en commettre
par l'espoir de l'impunité.

M. Faustin-Hélie partage l'opinion de nos adversaires dans cette délicate question.

L'éminent criminaliste n'admet pas que la jurisprudence puisse étendre sur ce point les incrimi-
nations de la loi pénale : « C'est ainsi, dit le savant
» auteur, qu'elle éveille les défiances du jury et qu'elle
» provoque le retour de ces principes si dangereux de
» l'omnipotence. Dans la foi de la conscience et dans
» le langage de la loi, le meurtre et l'assassinat, c'est
» l'homicide commis avec fraude, avec violence ; cette
» violence et cette fraude sont les éléments de la
» volonté criminelle, éléments indispensables du
» crime. Si ces circonstances ne sont pas constantes,
» l'homicide change de nature ; il peut constituer un
» autre crime, il ne constitue plus un homicide volon-
» taire. »

Malgré l'immense autorité de M. Faustin-Hélie,
nous persistons dans notre système, confirmé par la
jurisprudence de la Cour de cassation.

§ V.

DE LA COMPLICITÉ EN MATIÈRE DE RAPT.

L'article 334 du Code pénal punit pour excitation à
la débauche ceux qui font métier de procurer habituel-

lement des filles mineures au-dessous de vingt-un ans, et, en général, tous ceux qui excitent ou facilitent la débauche des mineures de l'un ou l'autre sexe. Cet article ne s'applique pas à ceux qui ne font que chercher la satisfaction de leurs passions personnelles; c'est un point qui ne fait pas difficulté et qui est admis par la jurisprudence.

Mais on n'est pas d'accord pour décider si les règles générales de la complicité sont, du moins, applicables dans l'hypothèse de cet article. Le séducteur qui se sert d'un intermédiaire pour atteindre son but immoral peut-il être considéré comme complice?

L'affirmative nous paraît évidente. En effet, dans cette matière, il n'y a point de textes spéciaux pour la détermination de la complicité; dès lors, nous devons nous conformer au droit commun, et appliquer les principes généraux posés dans les articles 50 et suivants du Code pénal.

Pour que le séducteur puisse être puni comme complice, il faut donc qu'il ait employé, pour parvenir à son but, l'un des modes de complicité prévus par l'article 60, qu'il ait participé à tous les actes nécessaires à la constitution du délit, et, par conséquent, à *l'habitude* qui doit caractériser les actes du proxénète. M. Dupin a soutenu que l'acte du séducteur qui se sert d'un intermédiaire pour réaliser ses désirs était un acte licite, parce qu'en cette matière la complicité aurait été réglée par des dispositions spéciales. Mais ces règles spéciales, ces principes particuliers n'existent nulle part, contrairement à l'avis du savant magistrat.

L'article 334 nous paraît donc ne pas devoir faire

exception aux règles générales de la complicité, et la
Cour de cassation s'est prononcée dans ce sens par ses
arrêts du 20 avril 1842 et du 10 novembre 1860. Vainement objectera-t-on contre cette opinion que la
tranquillité des familles pourra souffrir des poursuites
exercées contre le séducteur complice; vainement
dira-t-on que ces poursuites seront fort nombreuses.
A ces objections il est facile de répondre qu'en matière
pénale il ne s'agit pas de savoir si les faits à punir se
reproduisent plus ou moins souvent, mais bien s'ils
sont coupables et prévus par la loi; d'autre part, qu'il
n'est pas à craindre des poursuites indiscrètes et vexa-
toires, puisque la punition du séducteur est subor-
donnée à l'emploi de l'un des modes de complicité
prévus par l'article 60, et à la condition essentielle de
l'habitude.

Aux termes de l'article 357 du Code pénal, le mariage du ravisseur avec la fille mineure qu'il a enlevée
crée en faveur du coupable une exception qui arrête
l'action publique. En présence de cette disposition,
on se demande si cette faveur doit être étendue aux
complices, et si le mariage du ravisseur doit suffire
pour les mettre à l'abri de toute poursuite judiciaire.
Nous répondons affirmativement. En effet, l'exception
établie par l'article 357 n'est pas personnelle au ravisseur; ce n'est pas en vue du ravisseur seul que la loi
a établi cette excuse : le législateur a voulu, par ce
moyen, *protéger le mariage même*; il a voulu garantir
l'union contractée à la suite du rapt; et il est si vrai
que telle est la pensée qui l'a guidé en établissant cette
exception en faveur du ravisseur, qu'il ne permet
l'exercice de l'action criminelle *qu'après la prononcia-*

tion de la nullité du mariage. Or, pour que cette volonté du législateur soit réalisée, pour que le but qu'il a poursuivi en établissant cette exception soit atteint, il faut que l'article 357 s'applique non-seulement à l'auteur principal, mais encore aux complices de l'enlèvement ; car toute poursuite relative au fait qui a précédé le mariage, même restreinte aux seuls complices, aurait pour résultat inévitable d'affaiblir cette union, de porter atteinte au respect qui lui est dû, et que le législateur a voulu à tout prix lui conserver dans son intégrité et dans sa plénitude ; ces poursuites, en les supposant même restreintes aux complices, auraient aussi pour résultat certain de troubler la paix de la famille, cette paix si nécessaire au bien-être et à la prospérité de l'Etat.

Dans notre espèce, la loi a pensé qu'il était salutaire et prudent de subordonner l'intérêt de la répression du crime à l'intérêt de la stabilité et de l'union des familles. Pour nous conformer à cette pensée, il faut nécessairement étendre aux complices la faveur dont jouit le ravisseur ; sinon nous méconnaîtrions complétement le sentiment qui a dicté la disposition exceptionnelle de l'article 357. (Dans ce sens, arrêt de la Cour de cassation du 2 octobre 1852.)

Après avoir exposé les principes généraux de la complicité, il nous reste à étudier les principales *exceptions* établies par la loi dans les nombreux articles qui ont rapport à la matière des complices. Les chapitres suivants seront consacrés à cette étude.

Déjà, en commentant l'article 50, nous avons annoncé ces nombreuses exceptions, répandues dans les diverses parties de notre Code pénal. Nous n'avons pas

la prétention de les rapporter toutes dans ce travail ;
cette tâche dépasserait les limites que nous nous
sommes imposées. Mais rappelons ici que, toutes les
fois qu'un texte spécial ne vient pas déroger formellement aux règles générales de la complicité, ce sont
ces règles qu'il faut appliquer.

Parmi les exceptions que nous avons à signaler, les
unes sont fondées sur des considérations d'ordre
public ou d'humanité : ce sont les plus nombreuses ;
les autres présentent ce caractère singulier d'être
conformes à la règle de pénalité posée par la science
rationnelle. Dans les cas où se manifestent ces retours
aux principes, on sent l'influence irrésistible des faits,
qui domine le législateur et lui fait oublier les règles
générales, dont l'application, devenue impossible, l'en-
traîne, par la nature même des choses, à des inconsé-
quences forcées. L'une des exceptions les plus consi-
dérables aux principes généraux se trouve établie dans
les articles relatifs à l'adultère : ce sont ces articles qui
feront l'objet du chapitre suivant.

CHAPITRE IX.

De la complicité en matière d'adultère.

§ I.

L'adultère est un délit tout spécial, dont la poursuite et la répression sont soumises à des règles particulières ; aussi l'application des règles de la complicité n'est pas sans présenter sur ce point un vif
intérêt.

L'article 337 est ainsi conçu : « *La femme convain-*
» *cue d'adultère subira la peine de l'emprisonnement*
» *pendant trois mois au moins et deux ans au plus.*
» *Le mari restera le maître d'arrêter l'effet de cette con-*
» *damnation, en consentant à reprendre sa femme.* »
Au terme de l'article 338, « *le complice de la femme*
» *adultère sera puni de l'emprisonnement pendant le*
» *même espace de temps, et, en outre, d'une amende de*
» *100 à 2,000 francs.* » Le Code abandonne complétement dans ces articles le système d'assimilation qu'il
a établi dans l'article 59, et même dans un sens tout
opposé à la règle posée par la science rationnelle ; ici,
en effet, le complice est puni plus sévèrement que la
femme, puisqu'il peut être condamné non-seulement
à la même durée de l'emprisonnement, mais encore à
une amende de 100 à 2,000 francs. L'article 337 fait

aussi exception à l'article 60, qui considère toujours le provocateur comme complice et jamais comme auteur intellectuel.

Il résulte de la disposition de l'article 336 que l'adultère de la femme ne peut être dénoncé que par le mari; tant que celui-ci n'a pas fait de dénonciation, il n'y a point d'adultère aux yeux de la loi. Le ministère public ne peut poursuivre d'office ni le complice ni la femme coupable; il faut que le mari ait parlé. Toutefois cette déduction absolue n'est vraie que tant que le mari n'a point dénoncé l'adultère de sa femme; mais dès que cette dénonciation par le mari est intervenue, rien ne s'oppose plus à ce que le ministère public exerce ses poursuites; dès ce moment il reprend ses pouvoirs: il peut, il doit poursuivre le complice, lors même que celui-ci serait inconnu du mari.

La loi investit le mari d'un pouvoir exorbitant, parce qu'elle le considère comme premier intéressé dans la question, et qu'elle veut le laisser maître de décider s'il lui convient de porter à la connaissance du public le scandale qui est venu souiller son foyer domestique et troubler son intérieur. Voilà ce qui explique le pouvoir qu'a le mari de suspendre, ou même d'empêcher complétement, en ne faisant aucune dénonciation, la recherche du complice; car la poursuite de ce dernier mettrait précisément au grand jour les faits coupables que le mari veut tenir cachés; mais quand l'époux malheureux et offensé a dévoilé le scandale et l'infidélité de sa femme, il n'y a plus de motifs pour suspendre la poursuite à l'égard du complice, dont le procès ne saurait être pour le mari une occasion de vexation plus vive que le procès même de sa femme auquel il a pleinement consenti par sa révélation de l'adultère.

Ainsi, après la dénonciation faite par le mari, la poursuite du ministère public ne peut plus être suspendue à l'égard du complice, et cela quand même, postérieurement à la condamnation, le mari consentirait à pardonner à sa femme et à lui faire grâce : ce pardon ne saurait profiter au complice.

Cependant, si la femme adultère et son complice, tous deux condamnés, interjetaient appel du jugement de condamnation, et que la grâce accordée par le mari intervînt postérieurement à cet appel, comme tout serait remis en question par suite de l'appel interjeté, la poursuite et le jugement de première instance seraient considérés comme non avenus, et nous nous retrouverions dans l'hypothèse prévue par l'article 330 du Code pénal; si, à ce moment-là, le mari pardonne pour éviter un nouveau scandale, la poursuite du ministère public à l'égard de la femme et du complice se trouvera de nouveau suspendue et arrêtée.

Mais supposons que l'appel ait été interjeté par le complice seul, et que le jugement de première instance ait acquis force de chose jugée à l'égard de la femme : le mari se décide alors seulement à pardonner à l'épouse infidèle : pourra-t-il par ce pardon arrêter les poursuites du ministère public à l'égard du complice ? Il ne le pourra pas : le droit commun devra, dans cette hypothèse, reprendre son empire. En effet, si l'appel remet la cause en question, *ce n'est qu'à l'égard du complice;* il n'y a point d'indivisibilité entre les deux causes; loin de là, l'indépendance entre les deux coupables est désormais entière; le sort de la femme

se trouve irrévocablement fixé. (Agen, 21 juin 1854.
Cass., 20 avril 1854.)

Il résulte aussi du droit exorbitant accordé par l'article 336 au mari que si l'auteur principal du délit d'adultère vient à décéder, la poursuite du complice de ce délit ne saurait avoir lieu : l'esprit de la loi, en effet, c'est qu'un procès aussi scandaleux ne puisse s'ouvrir sans la volonté du mari : or, la circonstance actuelle justifie tout particulièrement ce principe. Des explications que nous venons de présenter il résulte que le mari a deux pouvoirs à l'égard de sa femme : 1° droit de *veto*, par lequel il suspend toute poursuite de la justice; 2° droit de pardon, par lequel, même après la condamnation de sa femme, il peut empêcher, par rapport à elle, l'effet de la condamnation, indépendamment du cas d'appel. Le mari a un troisième pouvoir : c'est celui de se désister, avant toute condamnation, de la plainte qu'il a portée contre sa femme. L'effet de ce désistement profite également au complice, car la condamnation de ce dernier serait la condamnation morale de la femme et détruirait la présomption d'innocence établie par la loi.

Il a été jugé que l'action publique se trouve éteinte, à l'égard du complice, soit dans le cas de décès de la femme avant le jugement définitif (Paris, 3 janvier 1840; cass., 8 mars 1850), soit dans le cas de réconciliation des époux après la condamnation, mais pendant les délais de l'appel. (Grenoble, 17 janvier 1850. Metz, 18 mars 1858. Toulouse, 11 avril 1861. Cass., 8 août 1867, sur le désistement.)

Aux termes de l'article 338 du Code pénal, les seules preuves admises contre le prévenu de complicité d'adultère sont, outre le flagrant délit, celles résultant de lettres ou autres pièces écrites par le prévenu lui-même. Cette disposition est fort sage ; elle tend à rendre aussi rares que possible les procès scandaleux soulevés par le délit d'adultère.

En résumé, quatre exceptions au droit commun se trouvent consacrées dans les articles 330, 337, 338 du Code pénal.

Première exception. — Le complice, contrairement à l'article 59, peut être puni plus sévèrement que la femme.

Deuxième exception. — L'action du ministère public contre le complice dépend du mari.

Troisième exception. — Le sort du complice est lié au sort de la femme : l'un ne peut être poursuivi si l'autre ne l'est pas. D'après les principes de la complicité ordinaire, on peut poursuivre le complice indépendamment de l'auteur principal.

Quatrième exception. — La preuve de la complicité, en général, n'est soumise à aucune règle spéciale ; en matière d'adultère, nous avons vu que cette preuve est très-limitée : « Il importait, a dit sur ce point l'ora-
» teur du Corps législatif, de fixer la nature des
» preuves qui pourraient être admises pour établir
» une complicité que la malignité se plaît trop sou-
» vent à trouver dans des indices frivoles. »

Les pièces écrites par le prévenu et le flagrant délit sont donc les seules preuves admises en cette matière. Mais que devons-nous entendre par flagrant délit ? D'après l'article 41 du Code d'instruction criminelle, c'est le délit qui se commet actuellement ou vient de se commettre. Faut-il que le délit soit immédiatement constaté par un procès-verbal ou l'audition de témoins, conformément aux articles 32 et 40 du même Code d'instruction criminelle ? La Cour de cassation, dans ses arrêts du 22 septembre 1837 et 25 septembre 1847, a décidé que le juge pouvait apprécier le flagrant délit par des faits postérieurs. Les Cours d'appel sont partagées sur cette question; dans le sens de l'affirmative, nous trouvons un arrêt de la Cour d'Angers, du 8 mai 1820; dans le sens de la négative, Poitiers, 4 février 1837; Paris, 8 juin 1837; Orléans, 15 juillet 1837.

On n'est pas d'accord non plus sur ce qui constitue les pièces écrites. Ainsi, on a décidé que la justice ne doit admettre que des pièces écrites bien avérées; qu'il ne faut point admettre les lettres écrites par la femme au complice et annotées par celui-ci, les lettres écrites pour le complice par un tiers, ni même l'interrogatoire signé par le prévenu et contenant l'aveu du délit, parce qu'il n'a pas toute sa liberté morale.

On s'est demandé si la concubine entretenue dans le domicile conjugal par le mari peut être poursuivie comme complice. MM. Carnot et Rauter ont soutenu la négative, en se fondant sur ce que les articles 336 à 339 auraient apporté de nouveaux principes en matière de complicité.

Nous ne saurions admettre ce système, qui repose sur une base entièrement fausse. La disposition qui fait l'objet du débat est celle de l'article 339 du Code pénal, ainsi conçu : « Le mari qui aura entretenu une » concubine dans la maison conjugale, et qui aura » été convaincu sur la plainte de la femme, sera puni » d'une amende de 100 à 2,000 francs. »

En combinant cette disposition avec les articles 59 et 60, il nous paraît hors de doute que la concubine ainsi entrenue par le mari au domicile conjugal est passible, de même que toute personne qui concourt à un délit, des peines de la complicité. (Voir sur ce point les arrêts suivants : Limoges, arrêt du 1er décembre 1850. — Amiens, arrêt du 26 mars 1863. — Cass., 16 novembre 1855. — Angers, 4 février 1856. — Paris, 2 mars 1866. — Rouen, 1er février 1867. — Tribunal de Nice, 10 mai 1861. — Cass., 28 février 1868. — Contrà, Paris, 6 avril 1842, etc.)

§ II.

COMPLICITÉ DES SOUSTRACTIONS FRAUDULEUSES ENTRE ÉPOUX, VEUFS, ASCENDANTS, DESCENDANTS, ALLIÉS AU MÊME DEGRÉ.

L'article 380 du Code pénal dispose : 1° que certaines personnes, en vue d'un intérêt social et pour protéger l'honneur des familles, sont soustraites à l'action du ministère public pour les vols qu'elles auront commis (il s'agit des époux, veufs, ascendants, descendants, alliés au même degré) ; 2° *que les complices de ces vols ou soustractions profitent de cette impunité, pourvu qu'ils n'aient pas recélé ou appliqué à leur profit tout ou partie des objets volés.* Nous trouvons là une exception au droit commun. En effet, d'après le droit commun, quand il est prouvé qu'une personne a participé à un acte qualifié criminel par la loi, si aucun motif d'absolution n'existe en faveur du complice reconnu coupable, on ne doit point s'arrêter à des considéra-

tions personnelles à l'auteur principal, on *doit punir*
le fait de complicité caractérisé par la criminalité *intrinsèque* du fait principal. Or, d'après l'article 380,
le complice, sauf les deux exceptions prévues, a le
droit d'invoquer le bénéfice de l'impunité accordé à
l'auteur principal. Dire que la loi ne punit que les complices qui auront recélé ou appliqué, à leur profit, tout
ou partie des objets volés, c'est, juridiquement parlant,
déclarer que le complice ordinaire des soustractions
dont il s'agit est exempté de tout châtiment. C'est bien
là une limitation évidente des principes du droit commun, limitation consacrée par la jurisprudence dans
de nombreux arrêts. (Paris, 24 mai 1839. Nancy,
20 janvier 1840.)

Le législateur, dans l'article 380, considère donc
comme indignes de sa faveur les recéleurs et ceux qui
auront profité de tout ou partie des objets volés.
A propos des recéleurs, surgit une difficulté. Il est certain qu'ils doivent être punis, mais comment doivent-
ils l'être ? Sont-ce les peines du vol simple que le recéleur encourt dans ce cas, ou celles du vol ordinaire,
c'est-à-dire du vol dont la peine est augmentée par les
circonstances aggravantes ?

Contrairement à l'opinion de M. Carnot, nous estimons que les recéleurs, dans l'hypothèse de l'article 380, doivent retomber sous l'application des
règles ordinaires de la complicité ; le décider autrement, ce serait aller dans la voie des exceptions plus
loin que la loi elle-même : dans la réalité, malgré la
faveur tout exceptionnelle que la loi étend aux complices ordinaires de l'article 380, il n'y en a pas moins eu
un vol, ainsi qualifié et déterminé par l'article lui-même.

Il est impossible d'interpréter l'expression de *vol* dont se sert notre article, dans le sens de *vol simple :* une pareille interprétation ne se soutient pas. Outre l'injustice flagrante qu'elle sanctionne, elle conduit à donner la qualité d'*auteur d'un délit spécial*, toujours le même, et tout particulièrement défini et qualifié, à une personne dont la culpabilité consiste à avoir participé *accessoirement* à un fait dont la nature et l'importance peuvent être extrêmement variables.

L'acte coupable dont il s'agit n'est qu'un *acte secondaire*, dont la gravité tient uniquement et toujours à la gravité d'un fait principal; il n'y a donc pas de vol principal dans le fait du recel qui fait l'objet de notre hypothèse, mais un vol *accessoire*. Nous trouvons là toutes les conditions constitutives de la complicité avec toutes ses conséquences.

Bien entendu, nous supposons que la soustraction frauduleuse accomplie dans les termes de l'article 380 était *illicite*, bien que non punissable pour ses auteurs principaux. De cette remarque il suit évidemment que si la soustraction frauduleuse a été accomplie dans des circonstances qui la rendent licite, comme dans l'hypothèse où c'est le mari d'une femme commune qui dérobe à celle-ci quelque objet dépendant de ses propres, toute complicité punissable disparaît.

CHAPITRE X.

De la révélation et de la non-révélation des crimes qui compromettent la sûreté intérieure ou extérieure de l'État (articles 108, 138, 144, 284, 285 et 286).

§ I.

Depuis 1832 notre législation ne met plus au rang des actes de complicité la non-révélation des crimes qui compromettent la sûreté intérieure ou extérieure de l'État. Antérieurement à 1832, le Code pénal de 1810, se fondant sur la nécessité d'assurer le bonheur du peuple et de maintenir la sûreté publique, avait persévéré dans la voie des anciens édits dont l'origine remontait au règne de Louis XI; il reconnaissait donc et organisait la complicité résultant de la non-révélation. En 1832, on vota, à une grande majorité, l'abrogation des articles qui consacraient une telle complicité. Vainement, en 1837, le gouvernement s'efforça-t-il de rétablir ces articles : la complicité par non-révélation n'était plus dans les mœurs, elle avait fait son temps ; une répugnance invincible se manifestait de toutes parts dans la chambre des députés ; le gouvernement dut retirer son projet de loi pour le rétablissement de cette sorte de complicité. Le législateur de 1832 a compris que la loi ne peut, sans tyrannie, incriminer la légitime répugnance qu'éprouve tout homme à se faire le délateur de pensées ou de paroles plus ou moins criminelles; mais il a compris aussi que la loi peut, dans l'intérêt bien entendu de l'ordre social, faire briller l'espérance de l'impunité aux yeux du coupable qui préviendra le forfait ou en assurera la répression en dévoilant ses complices. Aussi l'article 108 de notre Code pénal actuel *consacre une excuse en faveur des complices qui ont révélé l'existence des crimes et des délits contre la sûreté intérieure ou extérieure de l'État.*

Diderot, parlant de la délation, s'exprimait de la façon suivante : « Rien ne peut balancer l'avantage de jeter » la défiance entre les scélérats, de les rendre suspects » et redoutables l'un à l'autre, et de leur faire craindre » sans cesse, dans leurs complices, autant d'accusa- » teurs. La morale humaine, dont les lois sont la base, » a pour objet l'ordre public, et ne peut admettre au » rang de ses vertus la fidélité des scélérats entre eux » pour troubler l'ordre et violer les lois avec plus de » sécurité. »

Ces paroles de Diderot ne manquent pas de justesse; néanmoins on ne peut se dissimuler qu'il y a quelque chose de mauvais à encourager la délation et à lui donner en quelque sorte une prime. Aussi faut-il se trouver en face d'un intérêt social bien considérable pour que la justice se détermine à recourir à cette dernière ressource, qui répugne si profondément à la conscience et au cœur; il faut des raisons bien puis-santes pour que la société se résigne à faire ainsi l'aveu de son impuissance, comme dit Beccaria. Être obligé de recourir à la délation, au secours, à l'aide d'un des

12

coupables eux-mêmes, certes c'est là une triste extrémité. C'est pourquoi l'article 108 a restreint l'excuse qu'il établit à ceux qui, complices d'un crime *menaçant la sûreté de l'État même*, sont venus le dénoncer à la justice.

L'exception est ainsi bien limitée, bien précisée ; elle ne pourrait pas être étendue à la délation des autres crimes ou délits : dès lors il sera nécessaire que le jury se prononce sur cette circonstance d'excuse, et réponde à une question spéciale posée à cet effet. De son côté, l'accusé pourra provoquer la position d'une question sur l'existence et le caractère de la révélation.

§ II.

Les articles 138, 144, 284, 285 et 288 du Code pénal contiennent des applications de l'article 108 sur la révélation.

L'altération des monnaies de l'État, la contrefaçon de l'un des sceaux de l'État, sont des crimes si graves, si préjudiciables à l'ordre social, si difficiles à réparer, que le législateur a cru trouver en pareils cas, pour protéger le crédit public et assurer la confiance générale, un motif suffisant de créer une excuse spéciale en faveur du délateur.

Remarquons, toutefois, que la révélation doit précéder la consommation du crime, la fabrication des fausses monnaies ou la contrefaçon des sceaux de l'État.

La loi a aussi considéré que les ouvrages et gravures qui offensent la morale ou l'ordre public présentent un danger irréparable, et c'est pour prévenir autant

que possible ce danger si grave qu'elle a établi les dispositions des articles 284, 285, 288 du Code pénal.
Ainsi ceux qui ont coopéré à des délits commis par
voie d'écrits ou images distribués sans nom d'auteur
ou imprimeur voient leur peine abaissée au degré des
peines de simple police en faisant connaître l'auteur
ou l'imprimeur. C'est toujours la même idée d'ordre
public qui préside à ces exceptions aux principes généraux du droit commun.

CHAPITRE XI.

Dé la complicité par provocations dans des discours publics, écrits, imprimés, journaux périodiques : loi de 1819. — Article 67 : minorité de seize ans. — Article 100 : bandes séditieuses. — Article 114 : excès de pouvoirs.

§ I.

La provocation, nous le savons, n'est incriminée dans l'article 60 du Code pénal, comme cas de complicité, que lorsqu'elle a été accompagnée de quelqu'un des moyens d'influence que la loi énumère d'une façon restrictive ; il faut y joindre le cas de provocation adressée au public par quelque mode de publicité.

Comprise directement dans le texte du Code pénal de 1791, la disposition concernant cette sorte de provocation est rejetée aujourd'hui dans la législation spéciale contre les délits de presse. C'est dans la loi du 17-18 mai 1819 que se trouve la définition de ce cas de complicité. L'article 1er de cette loi s'exprime ainsi : « Quiconque, soit par des discours, des cris ou
» des menaces proférés dans des lieux ou réunions
» publics, soit par des écrits, des imprimés, des des-
» sins, des gravures, des peintures ou emblèmes ven-
» dus ou distribués, mis en vente ou exposés dans
» des lieux ou réunions publics, soit par des placards

» et affiches exposés au regard du public, *aura pro-*
» *voqué* l'auteur ou les auteurs de toute action quali-
» fiée crime ou délit à la commettre, sera réputé com-
» plice et puni comme tel. » D'après les articles 2, 3
et 6, si la provocation n'a eu aucun effet, elle est encore punie; mais alors ce n'est plus comme cas de
complicité, mais seulement comme délit *sui generis.*
Dans la loi du 27 février 1858, *relative à des mesures*
de sûreté générale (art. 1), on rencontre une disposition analogue. Le Code pénal de 1810 punissait comme
coupables des crimes et complots tendant à troubler
la sûreté intérieure ou extérieure de l'État, tous ceux
qui, soit par discours tenus dans des lieux ou réunions
publics, soit par placards, affiches, écrits, imprimés,
avaient excité directement des citoyens ou habitants à
les commettre.

Le Code pénal actuel, dans ses articles 203 et 206,
établit, de même que la loi de 1810, mais dans une matière différente, que la provocation contenue dans un
discours prononcé publiquement ou dans un écrit ren-
fermant des instructions pastorales suffit, du moment qu'elle s'est manifestée de l'une des manières
indiquées, pour faire considérer comme complice et
faire punir comme tel l'auteur du discours ou de l'écrit.
Si la provocation est demeurée sans effet, il y a non
plus un cas de complicité, mais un crime ou un délit
d'une autre nature, puni d'une peine spéciale.

On voit que l'article 1er de la loi de 1819 est beaucoup plus général que les dispositions des articles
203 et 206 du Code pénal. Cette loi a abrogé l'article 102 du Code pénal, en ce sens qu'elle étend la
peine de la complicité à *tous* ceux qui, par des dis-

cours publics, par des écrits imprimés ou non, des dessins, des gravures, des emblèmes, auront provoqué non pas seulement à des crimes contre la sûreté intérieure ou extérieure de l'État, mais encore *à toute action qualifiée crime ou délit par la loi pénale.*

§ II.

Aux termes de la loi de 1819, les imprimeurs peuvent être poursuivis soit comme auteurs, soit comme complices : comme auteurs principaux, si les rédacteurs de l'article ou du livre incriminé sont demeurés inconnus ; comme complices, si ces rédacteurs sont poursuivis. La seconde hypothèse, c'est-à-dire celle où il y a simple complicité, doit seule nous occuper.

Le seul fait de l'impression ne suffit point à faire considérer comme complices les imprimeurs poursuivis (art. 24 de la loi de 1819); il faut, pour établir la complicité, prouver non-seulement que l'imprimeur a réellement accompli le fait de l'impression, mais encore qu'il a agi *sciemment;* l'article 24 de la loi de 1819 dit en effet : « Les imprimeurs d'écrits dont
» les auteurs seraient mis en jugement, et qui au-
» raient rempli les obligations prescrites par le titre II
» de la loi du 21 octobre 1814, *ne pourront être recher-*
    chés pour le simple fait de l'impression de ces écrits,
» *à moins qu'ils n'aient agi sciemment,* ainsi qu'il est
» dit à l'article 60 du Code pénal, qui définit la com-
» plicité. »

La preuve de cette connaissance peut résulter de toute espèce de faits que la loi laisse à l'appréciation des tribunaux. Il n'est pas nécessaire que l'accusation prouve que l'imprimeur a matériellement lu l'article incriminé.

D'après le droit commun établi par le Code pénal, l'auteur principal d'un crime ou d'un délit est celui qui a exécuté *matériellement* le délit; tandis que les complices sont ceux qui ont provoqué à ce crime ou qui l'ont préparé ou facilité. En matière de presse, le délit prévu c'est la publication; par suite, le publicateur est l'auteur principal; ceux qui ont préparé le délit, ceux qui ont procuré les moyens de le commettre, sont les complices.

La loi du 28 juillet 1828 a posé des règles particulières en ce qui concerne les écrits périodiques. Aux termes de l'article 8 de cette loi, le gérant d'un journal est responsable du contenu des articles qu'il publie et qu'il signe, sans préjudice des poursuites contre l'auteur ou les auteurs desdits articles comme complices. La loi du 28 juillet 1828 punit ainsi comme auteur principal du délit le gérant signataire du journal, et considère seulement comme complices les rédacteurs des articles incriminés.

Les vendeurs, distributeurs, crieurs et afficheurs d'écrits, de dessins ou d'emblèmes, doivent être considérés comme auteurs principaux des délits qui résultent de la publication, car c'est par eux que se commet le fait principal tombant sous le coup de la loi pénale. Ces mêmes individus, lorsqu'il s'agit d'un écrit contenant des provocations à un crime ou à un délit, sont considérés comme complices des provocations contenues dans l'imprimé (art. 285).

Remarquons qu'en cette matière, comme dans toutes les autres, l'on peut et l'on doit appliquer les

règles générales des articles 59 et suivants en dehors
des modes spéciaux de complicité que nous venons
d'expliquer.

§ III.

L'article 67 du Code pénal dispose que si un mineur
de seize ans est reconnu coupable d'avoir avec discernement coopéré à un crime, à titre de complice, il ne
sera pas assimilé à l'auteur, comme l'exigerait l'article 59. Nous ne répéterons pas ici le motif de cette
exception, dont nous avons parlé dans un chapitre
antérieur.

§ IV.

L'article 100 du Code pénal accorde aux personnes
qui, ayant fait partie de bandes séditieuses, sans y
exercer aucune fonction, s'en seront retirées au premier avertissement des autorités, ou qui, même depuis lors, auront été saisies sans résistance hors des
lieux de la réunion séditieuse, le bénéfice d'une absolution complète, modérée seulement, s'il y a lieu, par
un renvoi temporaire sous la surveillance de la haute
police. Nous trouvons encore là une exception à la
règle de l'assimilation. L'article 213 renferme une décision analogue. L'entraînement des passions popu-
laires explique facilement ces dispositions exceptionnelles.

§ V.

Dans la comparaison des articles 241 et 245 du Code
pénal, il est facile de remarquer une nouvelle déroga-

tion à la règle d'assimilation posée dans l'article 59.
En effet, la personne qui a favorisé l'évasion d'un
détenu est, dans certains cas, punie plus sévèrement
que le prisonnier qui s'est évadé. Celui qui est privé
de sa liberté est tellement dominé par l'idée de la
recouvrer, que ce sentiment de commisération que
manifeste la loi à l'égard du prisonnier est tout naturel ; le complice qui a favorisé sa fuite est certainement
plus coupable.

§ VI.

L'article 114 du Code pénal prévoit le cas où un
fonctionnaire a, par ordre d'un supérieur, commis un
excès de pouvoir attentatoire à la liberté ou au droit
des citoyens ; d'après la règle de l'article 60, le supérieur n'est que son complice ; aux termes de l'article 114,
lui seul sera puni. Ainsi, nous voyons là un complice
seul condamné, à la suite de l'absolution de l'auteur
principal. Et cette décision est fort juste, car le subordonné, dans ce cas, n'a été que l'instrument du
supérieur : le principe d'obéissance et d'autorité exigeait cette remarquable dérogation aux principes. Dans
l'article 190, sur l'abus d'autorité contre la chose publique, nous rencontrons une décision analogue.

CHAPITRE XII.

Exceptions faisant retour aux principes purs de l'imputabilité.— Article 268 : association de malfaiteurs. — Articles 291-294 : association de plus de vingt personnes non autorisée.

Ces exceptions sont la meilleure et la plus juste critique du système posé par notre législateur dans les articles 59 et 60 ; aussi est-il fort intéressant de les signaler. On chercherait vainement dans le Code pénal une disposition qui observe aussi nettement les principes de la responsabilité que l'article 268. Toute association contre les personnes ou contre la propriété est un crime ; mais dans une pareille compagnie de malfaiteurs, il y a assurément des degrés dans la responsabilité et, par suite, dans la culpabilité ; il y a des chefs et des subalternes, des rôles principaux et des rôles accessoires. Certes, l'association de malfaiteurs est une hypothèse qui rend compte d'une façon bienheureuse des faits constitutifs de la complicité. On trouve là des degrés de culpabilité si faciles à saisir que le législateur a dû abandonner le principe général de l'assimilation. Aussi a-t-il déclaré que les chefs de l'association étaient plus coupables, plus responsables que les autres associés ; il a su reconnaître le caractère purement accessoire, purement auxiliaire des complices. Entraîné par cette remarque si rationnelle, il a pensé qu'il fallait punir les premiers plus sévèrement que les seconds : aux chefs, aux auteurs de l'association, il a appliqué la peine des travaux forcés à temps ; aux complices, aux auxiliaires, la peine de la réclusion.

Des articles 201 à 204 du Code pénal, combinés avec la loi du 10 avril 1834 et un décret du 25 mars 1852, ainsi que de la loi du 10 juin 1868, résulte la prohibition des associations non autorisées se composant de plus de vingt personnes, de quelque nature que soient ces associations ; réunions publiques, réunions périodiques, politiques, religieuses, de plus de vingt membres, sont soumises à la même prohibition, et ne peuvent se former sans l'autorisation du gouvernement.

Si une réunion vient à se former sans observer la formalité de l'autorisation gouvernementale, elle est illicite, et chacun des membres de la société est complice de la contravention. D'après la règle de l'article 59, tous les membres devraient subir la même peine ; mais l'article 202 en a disposé autrement, et décidé que les chefs seront seuls punis d'une amende de 16 francs à 200 francs. Mais la loi ne s'arrête pas là ; car elle décide que si l'un des membres de la réunion s'est livré à des provocations coupables dirigées contre l'ordre public, les chefs de la société en répondent seuls comme complices, et l'auteur de la provocation est frappé spécialement d'une peine supérieure à celle de ces derniers. La loi a ainsi fait une application juste et précise des principes de la responsabilité individuelle, telle que nous l'enseignent les seules lumières de la raison.

CHAPITRE XIII.

Du recel.

I.

RECEL DES PERSONNES.

Ce genre spécial de complicité est ainsi défini par l'article 61 du Code pénal : « Ceux qui , connaissant la » conduite criminelle des malfaiteurs exerçant des bri- » gandages ou des violences contre la sûreté de l'État, » la paix publique, les personnes ou les propriétés, » leur fournissent habituellement logement, lieu de » retraite ou de réunion, seront punis comme leurs » complices. » La simple lecture de l'article 61 nous montre que deux conditions essentielles sont exigées par la loi. La première, c'est que le recéleur *ait connu* la conduite criminelle des malfaiteurs qu'il recevait chez lui ; c'est cette circonstance qui, dans l'espèce, rend le recéleur responsable.

La seconde condition exigée par l'article 61, c'est que le logement, lieu de retraite ou de réunion ait été fourni *habituellement*. La complicité par recel, dans notre hypothèse, résulte donc essentiellement d'un fait d'habitude ; le fait d'avoir fourni accidentellement asile à un malfaiteur, pour le mettre à l'abri des recherches de la justice, ne serait point suffisant pour constituer la complicité par recel dont parle notre article : ce fait accidentel ne suffirait pas à engager le recéleur dans la responsabilité du crime ou du délit qui aurait été consommé.

A ces deux conditions expressément exigées par la loi, il importe d'en ajouter une troisième, qui découle des principes généraux de la responsabilité : il faut que l'acte constitutif du recel *ait été accompli volontairement*, car, aux termes de l'article 64 du Code pénal, « il n'y a ni crime ni délit lorsque le prévenu était en état de démence au temps de l'action, ou lorsqu'il a été contraint par une force à laquelle il n'a pas pu résister. »

Le recéleur est donc celui *qui, sciemment, volontairement et habituellement, fournit asile à des malfaiteurs.*

On s'est demandé si le recéleur qui se bornerait à fournir des aliments devrait être considéré comme coupable de complicité par recel. Il faut faire une distinction. Si, en donnant leur nourriture aux malfaiteurs, il leur donne, par la même occasion, lieu de retraite ou de réunion, il devient leur complice. Si, au contraire, les malfaiteurs ne prennent que leurs repas chez lui, sans s'y retirer ou s'y réunir, il ne saurait être déclaré coupable de complicité.

· On s'est aussi demandé si l'article 61 s'applique non-seulement au maître de la maison où sont reçus les malfaiteurs, mais encore aux gens de service placés sous sa dépendance. Ici encore, nous distinguerons. Si l'asile a été fourni directement par le maître de la maison, il est certain que les serviteurs ne doivent

pas être responsables de l'acte coupable que commet
le maître; si, au contraire, ce sont ces serviteurs qui,
à l'insu de leur maître, fournissent asile, lieu de retraite ou de réunion à des malfaiteurs, eux seuls sont
responsables, eux seuls sont complices; si, enfin, le
maître et les serviteurs ont agi ensemble, volontairement et sciemment, ils seront tous punissables comme
complices par recel.

Pour que le logement fourni habituellement constitue une assistance, un secours aux malfaiteurs, il
faut évidemment qu'il y ait une certaine relation entre le fait du recel et le crime ou délit.

Cette observation va nous aider à préciser le sens de
l'article 61. Cet article ne s'applique point d'une façon
absolue à *tous* les délits qu'ont pu commettre les
malfaiteurs recélés; le recéleur ne peut pas être responsable des crimes ou des délits commis par ces malfaiteurs à une époque très-éloignée, à une date très-
ancienne relativement au premier fait de recel; il ne
peut pas non plus être responsable des crimes commis
par eux longtemps après la cessation du recel. Car
quelle relation y aurait-il entre ces actes et le fait du
recel? Aucune; et il serait impossible d'établir une
dépendance quelconque entre le recel et le crime commis. Pour que le recéleur soit responsable, il faut donc
que le fait du recel ait *facilité* le crime ou le délit : là
est la condition essentielle de responsabilité; mais,
dans cette limite, il devient complice de tous les
actes, quels qu'ils soient, commis par les malfaiteurs
recélés; qu'il ait connu ou qu'il ait ignoré la nature
des crimes ou des délits dont les malfaiteurs se seront
rendus coupables, il devra toujours en subir toutes les

conséquences pénales. Remarquons que, pour l'application de la pénalité, il n'est pas nécessaire que le logement, le lieu de retraite ou de réunion aient été fournis à *une bande de malfaiteurs*; il suffit qu'ils aient été fournis à des malfaiteurs épars. Ce sens de l'article 61 paraît incontestable; il faudrait, pour interpréter autrement cette disposition, non-seulement ajouter au texte, mais encore méconnaître la pensée qui l'a inspirée. « L'article 61, disait M. Riboud dans
» le rapport fait au Corps législatif le 13 février 1810,
» remplira une lacune importante du Code de l'Assem-
» blée constituante. Désormais, la classe dangereuse
» des individus dont l'habitation sert d'asile à des
» malfaiteurs, et qui leur fournissent habituellement
» logement, retraite ou point de réunion, sera assi-
» milée aux complices. Si les malfaiteurs épars ne
» trouvaient pas ces repaires où ils se rassemblent, se
» cachent, concertent leur crime, en déposent les
» fruits, la formation de leurs bandes et leurs asso-
» ciations seraient plus difficiles ou plus prompte-
» ment découvertes. »

Il est à remarquer que l'article 61 ne parle que des *malfaiteurs exerçant des brigandages ou des violences* de la nature de celles définies par la loi. Notre législateur avait en vue des associations de *brigands*, dans lesquelles celui qui loge et reçoit habituellement, quoique n'allant pas aux expéditions, est un associé. Suivant la science pure, le fait du logement habituel serait, par rapport aux actes ignorés du logeur, un crime ou un délit distinct, mais connexe; suivant l'article 61, le fait du logement est traité comme fait de complicité. Le caractère de l'article 61 est, par là

même, exceptionnel : l'application de cette disposition
doit être restreinte dans les termes mêmes qu'a employés le législateur. Il suit de là que le logement habituel de *filous*, *de gens vivant d'escroquerie*, *de vols
simples ou d'autres crimes ou délits* ne rentrant pas
dans la définition donnée par l'article 61, qui nous
parle seulement de *brigandages* et de *violences*, échap-
perait à son application.

§ II.

RECEL DES CHOSES.

« Ceux qui sciemment auront recélé, en tout ou en
» partie, des choses enlevées, détournées ou obtenues
» à l'aide d'un crime ou d'un délit, seront aussi punis
» comme complices de ce crime ou délit. »

C'est en ces termes que la loi, dans l'article 62, détermine la complicité par recel des choses obtenues à
l'aide d'un crime ou d'un délit.

Nous pouvons, après la loi, définir cette variété du
recel : *le fait d'avoir en sa possession, volontairement
et avec intention criminelle, des objets enlevés, détournés ou obtenus à l'aide d'un crime ou d'un délit,
sachant qu'ils avaient une provenance criminelle.* Que
la possession de la chose ait son origine dans un achat,
dans un dépôt ou dans un don, peu importe ; pourvu
que la chose ait été acquise volontairement, en connaissance de cause et avec intention criminelle, elle
constitue le fait matériel du recélé, qui consiste dans
la possession.

Peu importe aussi que la chose ait été remise par

l'auteur même du crime ou par l'intermédiaire d'un tiers , que la possession de la chose ait été acquise par transmission ou par usurpation, que le recéleur ait profité de cette possession ou qu'il n'en ait retiré aucune utilité: toutes ces circonstances sont sans intérêt ; il suffit que cette possession ait eu lieu volontairement, en connaissance de cause et avec intention criminelle.

On s'est demandé si, à raison des rapports tout particuliers qui unissent une femme à son mari, la femme pouvait être poursuivie à raison du recélé des objets provenant d'un crime ou d'un délit commis par son mari. A nos yeux, la solution de la question ne saurait faire de doute, car les termes de l'article 62 sont généraux; il n'y a aucune exception en faveur de la femme de l'auteur d'un crime ou d'un délit. La loi punit comme complices tous ceux qui ont recélé sciemment des choses enlevées à l'aide d'un crime ou d'un délit; par conséquent elle doit s'appliquer aux épouses et aux parents des voleurs comme à toutes autres personnes.

La première condition du recel des choses, avons-nous dit, c'est que la possession de la chose reçue ait eu lieu *volontairement*.

La seconde condition , c'est *la connaissance de cause*. Aux termes de l'article 62, il faut que le recéleur ait *connu* la provenance criminelle des objets dont il recevait la possession. Mais il n'est pas nécessaire qu'il ait su exactement de quel crime ou de quel délit provenaient ces objets ; il faut et il suffit qu'il ait su, en les recélant, *leur provenance criminelle*, pour être déclaré complice du crime dont ils sont le produit , et dont il ignorait peut-être la gravité. Ce principe est certain;

13

il résulte aussi bien de la généralité des termes de l'article 62 que de la disposition exceptionnelle de l'article 63. Que le recéleur s'imagine, par exemple, que les objets qu'il reçoit sont le produit d'un vol simple, tandis qu'ils ont été obtenus à l'aide d'un faux ou d'un crime plus grave, peu importe : dès qu'il sait que les objets ont une origine criminelle ou délictueuse, il est complice du crime ou du délit.

Il convient de faire ici une remarque. Au point de vue de la science rationnelle, nous avons observé que les faits postérieurs au crime ou au délit ne pouvaient être punis comme actes de complicité qu'autant qu'ils avaient facilité ou favorisé l'exécution de ce crime ou de ce délit. Le Code a rangé parmi les complices le recéleur *habituel* de *malfaiteurs* et celui qui recèle *même accidentellement des choses* qu'il savait provenir d'un crime ou d'un délit. On conçoit le recel *habituel* des malfaiteurs ; on peut dire qu'il y a là, dans une certaine mesure, un fait de complicité ; le crime ou le délit est achevé, exécuté, il est vrai ; mais enfin nous trouvons, au moins là, cette condition formelle de l'*habitude* qui explique cette sévérité ; le fait de l'habitude devait, en effet, faciliter les crimes des malfaiteurs, qui comptaient *d'avance* sur la fourniture du logement et du lieu de réunion ; le recel habituel des malfaiteurs peut donc se justifier, et, quant au recel *accidentel,* le législateur en a fait un délit spécial puni de peines particulières. (Art. 99, 248 et 268 C. pén.) Mais le Code abandonne complétement ces principes, relativement *au recel des objets* obtenus à l'aide d'un crime ou d'un délit ; il n'exige plus la condition *d'habitude ;* le recel *accidentel* de ces objets est puni comme acte de complicité. Pourquoi donc le Code n'a-t-il pas fait la même distinction pour le recel des choses que pour le recel des personnes? pourquoi n'a-t-il pas rejeté hors de la classe des complices celui qui, *accidentellement*, a recélé des objets obtenus à l'aide d'un crime? La logique et la justice exigeaient cette distinction. Aussi le recel accidentel des choses provenant d'un crime ou d'un délit est-il impossible à justifier, malgré le dicton bien connu : « S'il n'y avait pas de recéleurs, il n'y aurait pas de voleurs. »

Cette erreur de notre législateur est féconde en conséquences déplorables. Supposons qu'une mère recèle des objets volés par son fils à la suite d'un assassinat. *Comme, dans la matière du recel des choses, l'habitude n'est pas un élément constitutif*, cette mère sera condamnée comme complice d'assassinat ! Si elle avait recélé le malfaiteur lui-même, elle n'aurait pu être condamnée comme complice, parce qu'il n'y aurait pas eu la condition de l'habitude, et on n'eût même pas pu lui appliquer les peines de l'article 248, parce qu'elle était garantie par l'exception contenue dans le dernier alinéa de cet article.

D'après l'article 62, le recéleur d'objets ayant une origine criminelle ou délictueuse n'est punissable qu'autant qu'il a eu connaissance de cette provenance. Mais à quel moment faut-il que le recéleur ait eu cette connaissance ? On admet généralement que c'est *au moment même* où les objets sont reçus par le recéleur ; c'est à ce moment que le fait se caractérise dans tous ses éléments ; des révélations postérieures ne pourraient point modifier la nature du fait primordial essentiel. Cette opinion, professée par MM. Carnot, Chau-

veau et Hélie, s'appuie principalement sur l'article 63,
qui n'est qu'un corollaire de l'article 62 et qui ne
prononce certaines peines contre les recéleurs qu'autant qu'ils ont eu, *au temps du recélé*, connaissance
des circonstances aggravantes du crime. Il ne suffirait
donc pas que l'accusé eût conservé la chose depuis
qu'il a appris qu'elle était le résultat d'un vol, pour être
passible des peines du recélé : il faudrait qu'il fût
constaté *qu'il a connu ce vol au moment même* où il a
consenti à en devenir dépositaire. Sans aucun doute,
il y a moins d'immoralité dans celui qui, déjà chargé
d'un dépôt, ne le rend pas lorsqu'il en découvre la
source criminelle, que dans la personne qui connaît à
l'avance le crime et se charge d'en céler les produits.
Celui-ci adhère volontairement au crime ; l'autre n'y
donne qu'une adhésion forcée en quelque sorte par
sa position précédente. M. Le Sellyer a soutenu une
opinion contraire.

La troisième condition à laquelle est soumise la
culpabilité du recéleur des choses est celle *de l'intention criminelle*. Cette condition, quoiqu'elle ne soit
exigée expressément par aucun texte, est évidemment
essentielle. Il est clair, en effet, que la personne qui
aura reçu volontairement et sciemment une chose
volée des mains mêmes du voleur, et qui l'aura gardée
pendant quelque temps avec l'intention de la rendre à
son véritable propriétaire, n'aura commis aucun fait
blâmable, et qu'elle sera, au contraire, digne de récompense : l'intention criminelle est donc essentielle, pour
que la possession du recéleur satisfasse à l'esprit de
l'article 62.

Lorsque le produit du crime ou du délit a été détourné par un tiers au préjudice de l'auteur, y a-t-il eu recélé ou bien détournement par vol ou abus de confiance ? Il faut distinguer : le tiers possesseur avait-il ou non connaissance de l'origine des objets ? S'il n'a pas eu connaissance de l'origine criminelle de ces objets, il ne peut pas être déclaré recéleur, puisqu'il manque à sa possession un des caractères essentiels qu'exige l'article 62 du Code pénal.

Si, au contraire, l'auteur du détournement a eu connaissance de l'origine délictueuse des objets dérobés, comme il s'en est constitué possesseur volontairement, sciemment et avec intention criminelle, il remplit toutes les conditions du recel et doit être puni comme recéleur. Mais sa responsabilité ne se bornera pas à celle du complice par recel, car de deux choses l'une : ou bien il a reçu la chose de l'auteur du crime ou du délit, ou bien il s'en est emparé de son propre mouvement. Au premier cas, il a commis un abus de confiance ; au second, il a commis un vol. Donc, dans l'hypothèse où le tiers possesseur a connu la provenance des objets, il s'est rendu coupable tout à la fois de recélé et de détournement par vol ou abus de confiance ; dans ce cas, aux termes de l'article 365 du Code d'instruction criminelle, la peine la plus forte lui sera seule appliquée.

Bien que l'article 62 s'applique non-seulement au recélé des choses obtenues à l'aide d'un vol, mais encore au recel d'objets provenant d'un crime ou d'un délit *quelconque*, et qu'ainsi sa disposition soit générale, cependant cette règle absolue subit une exception dans l'article 593 du Code de commerce. Il s'agit de banqueroute frauduleuse. En cette matière, l'article

403 s'en réfère au Code de commerce pour la détermination des cas de complicité ; de sorte que le recel n'est punissable que s'il présente les caractères exigés par l'article 593 du Code de commerce. D'après cet article, le recélé, pour être punissable, doit avoir été exécuté *dans l'intérêt du failli* ; il ne suffit donc pas qu'un objet détourné à l'aide d'une banqueroute frauduleuse ait été possédé sciemment, volontairement et avec intention criminelle par un tiers, pour que celui-ci puisse être déclaré complice de banqueroute frauduleuse ; il faudra, de plus, que le recélé ait été exécuté dans l'intérêt du failli. Si le recélé n'a pas eu lieu dans cet intérêt, il pourra bien, dans certains cas, et suivant les circonstances, être considéré comme un crime ou un délit, un vol par exemple ; mais il ne pourra pas constituer un fait de complicité de banqueroute frauduleuse, depuis la loi de 1838. Quant aux autres faits de complicité de banqueroute frauduleuse, le Code de commerce n'y a rien changé, et ils sont régis par l'article 60 : il faut seulement que la qualité de commerçant soit reconnue au failli, et que les éléments de la complicité légale soient constatés.

La généralité des termes de l'article 62 atteint-elle ceux qui recèlent en France des objets enlevés, détournés ou obtenus à l'aide des crimes ou des délits commis en pays étranger ? La question est facile à résoudre. En effet, une des conditions essentielles pour la condamnation d'un complice, c'est que l'existence et la criminalité du fait principal aient été reconnues contradictoirement avec lui. Or, pour que cette condition soit remplie, il faut évidemment qu'une information et un débat puissent avoir lieu, sur le fait principal, devant les tribunaux français. Donc, si le crime commis à l'étranger est qualifié tel par la loi française, ou s'il s'agit d'un délit prévu à la fois par la loi française et par la loi étrangère, notre article 62 est applicable. Si, au contraire, les objets recélés proviennent d'un délit prévu par la loi française, mais non par la loi étrangère, il faut, aux termes de l'article 5 de la loi du 27 juin 1866, décider que le complice échappe, comme l'auteur, à toute poursuite.

Pour que le recélé existe, il n'est point nécessaire qu'il se soit appliqué à *tous* les objets provenant du crime ou du délit; il suffit qu'il en ait compris une partie : de sorte que plusieurs personnes ne s'étant même jamais rencontrées peuvent être déclarées complices par recel d'un même crime; d'autre part, la même personne peut se rendre coupable de plusieurs recélés se rattachant à un même crime, et être poursuivie successivement à raison de ces divers actes; dans certaines circonstances, même, elle pourra subir plusieurs condamnations successives comme complice par recel d'un même crime.

En terminant, il nous faut faire une dernière observation : c'est que de tous les faits postérieurs au crime, le seul que la loi française considère comme coupable et constituant un acte de complicité, c'est le recel tel qu'il est défini par les articles 61 et 62 que nous venons de commenter.

La non-dénonciation, le recel des instruments du crime ou de ses preuves, le recel du cadavre de la victime, l'aide prêtée à l'évasion du coupable détenu ou non détenu, enfin le faux témoignage, constituent, aux yeux de notre législateur, des crimes ou des délits spéciaux, punis de peines spéciales.

Ici finit notre étude relativement au recel des personnes et au recel des choses ; nous passons maintenant aux peines du recel.

CHAPITRE XIV.

Peines du recel.

Les règles générales de la complicité s'appliquent aux recéleurs; de là résulte qu'en principe la peine du recéleur sera celle attachée par la loi aux faits principaux dont il est complice. Seulement il est à remarquer que, dans l'espèce de l'article 62, s'étant associé à plusieurs crimes ou délit, le recéleur ne devra subir la peine que du plus grave d'entre eux.

D'après l'article 59, le complice subit toujours la peine du fait principal, qu'il en ait connu ou non les circonstances aggravantes. Aucun texte ne s'oppose à l'application de cette règle au recéleur; et, d'accord avec la Cour de cassation, nous posons comme règle générale, en matière de recel, le principe que nous avons établi à cet égard en matière de complicité ordinaire; mais nous exigeons aussi, de même que pour la complicité ordinaire, la condition d'un débat contradictoire et d'une reconnaissance, à l'égard du recéleur, de l'existence de ces circonstances aggravantes; nous exigeons encore qu'on établisse dans ce débat l'existence et la criminalité du fait principal en lui-même.

Ainsi, toutes les règles de la complicité que la loi n'a pas écartées par un texte formel doivent s'appliquer aux complices, par recel, des articles 61 et 62.

Mais les principes généraux de la complicité ont reçu, en matière de recel, plusieurs dérogations qui sont inscrites dans l'article 63, ainsi conçu : « Néan- » moins la peine de mort, lorsqu'elle sera applicable » aux auteurs des crimes, sera remplacée, à l'égard » des recéleurs, par celle des travaux forcés à perpé- » tuité. Dans tous les cas, les peines des travaux » forcés à perpétuité, ou de la déportation, lorsqu'il » y aura lieu, ne pourront être prononcées contre les » recéleurs qu'autant qu'ils seront convaincus d'avoir » eu, au temps du recélé, connaissance des circons- » tances auxquelles la loi attache les peines de mort, » des travaux forcés à perpétuité et de la déportation ; » sinon ils ne subiront que la peine des travaux forcés » à temps. »

D'après les termes de cet article, la première excep- tion au droit commun est que, dans aucun cas, le recé- leur n'encourt la peine de mort ; lorsqu'il y aura lieu de la lui appliquer d'après les principes, elle sera remplacée par la peine des travaux forcés à perpé- tuité. C'est la loi du 28 avril 1832 qui a établi cette disposition, qu'exigeait l'humanité ; auparavant, d'a- près la loi de 1810, la peine de mort était applicable au recéleur lorsqu'il était convaincu d'avoir eu, au temps du recélé, connaissance de l'existence des faits auxquels la loi attache cette peine.

La seconde exception au droit commun établie dans l'article 63 est la suivante : pour l'application au recé- leur des peines perpétuelles autres que la mort, la loi exige que le coupable ait eu connaissance, au moment même du recélé, des circonstances auxquelles ces peines sont attachées. Si cette connaissance n'a point été vérifiée contradictoirement, le recéleur ne subira que la peine des travaux forcés à temps.

Ainsi, dans certaines circonstances, le recéleur complice du crime est puni moins sévèrement que l'auteur même du crime, ce qui déroge à la règle d'assimilation de l'article 59. Cette dérogation s'explique par un sentiment bien naturel de la part du législateur, qui a reculé devant l'application d'une peine perpétuelle à un complice ignorant peut-être la gravité de son crime; il est à regretter bien vivement que cette exception au principe de l'article 59 n'ait pas reçu une plus grande extension.

Lorsque le Code, dans l'article 63, distingue si le recéleur a eu ou n'a pas eu connaissance des circonstances auxquelles la loi attache l'une des peines perpétuelles, il ne veut parler, bien entendu, que des circonstances étrangères au complice, des circonstances inhérentes au crime, et non point de celles qui, combinées avec des faits propres au recéleur, comme l'état de récidive, entraîneraient pour lui ces graves conséquences.

Nous ne pouvons terminer cette étude sans faire remarquer une contradiction frappante qui choque à la simple lecture de l'article 63. Lorsqu'il s'agit de savoir si le recéleur sera ou non complice des circonstances aggravantes qu'il n'a pas connues, le législateur répond : oui, s'il s'agit de peines temporaires; non, s'il s'agit de peines perpétuelles. Sur quoi repose cette distinction ? Nous ne pensons pas qu'il soit possible de trouver à cet égard quelque raison satisfaisante.

Autre remarque : les législateurs, lors de la révision du Code pénal en 1832, avaient dû réformer en un point les termes de l'article 63; en effet, sous le Code de 1810, il n'y avait point deux espèces de peines, l'une pour les crimes et délits ordinaires, l'autre pour les crimes et délits politiques. Aujourd'hui, la déportation forme un des degrés de l'échelle des peines politiques. Il eût donc fallu substituer à la déportation, pour les recéleurs en matière politique, une peine politique d'un degré inférieur, par exemple la détention, et non pas, comme on l'a laissé subsister, la peine des travaux forcés à temps, peine qui ne se trouve pas au nombre des peines politiques.

L'article 62 de la loi du 27 juillet 1872 contient sur le recel des dispositions qu'il est bon de signaler; cet article est ainsi conçu : « Quiconque est reconnu coupable d'avoir recélé ou d'avoir pris à son service un » insoumis est puni d'un emprisonnement qui ne peut » excéder six mois. Selon les circonstances, la peine » peut être réduite à une amende de vingt à deux » cents francs. »

Dans les dispositions suivantes, la loi punit d'une peine plus sévère encore les coupables qui seraient fonctionnaires publics.

Ces dispositions de la loi du 27 juillet 1872 étaient nécessaires. Puissent-elles contribuer à la grandeur de notre malheureuse et chère patrie ! Puisse le sentiment qui les a inspirées attirer sur les enfants de la France la protection de Dieu !

POSITIONS.

—

DROIT ROMAIN.

I. Le *consilium*, non accompagné d'une assistance matérielle, suffit à constituer la complicité punie par la loi romaine.

II. L'approbation donnée par une personne à un crime commis en son nom, en vue de son intérêt ou de la réalisation d'un de ses désirs, la constitue complice de ce crime.

III. Le complice *ope* n'est pas toujours un coauteur.

IV. La loi romaine pose en règle générale la complicité par non-empêchement.

V. Les faits postérieurs au crime, recel des personnes, recel des choses, sont punis par la législation romaine, comme actes de complicité.

VI. La condition du dol n'est pas suffisante pour donner au recel le caractère d'un acte de complicité ; il faut, de plus, une promesse antérieure.

VII. Le recéleur est assimilé à l'auteur du crime quant à la peine.

———

DROIT FRANÇAIS.

DROIT PÉNAL.

I. Le descendant ou le conjoint complice du meurtre de son ascendant ou conjoint peut invoquer le bénéfice accordé à l'auteur principal par les articles 321 et 322.

II. Le complice du meurtre commis par le descendant sur son ascendant ou par le conjoint sur son conjoint peut invoquer le bénéfice des articles 321 et 322, malgré l'inexcusabilité de l'auteur principal.

III. Les qualités personnelles à l'auteur principal influent sur les complices et augmentent la pénalité.

IV. La femme peut être poursuivie à raison du recélé des objets provenant d'un crime ou d'un délit commis par son mari.

V. Le recéleur, pour être punissable, doit avoir eu connaissance de l'origine criminelle des objets déposés, *au moment même* où il a consenti à en devenir dépositaire.

VI. Le duel n'est ni prévu ni puni par la loi française.

VII. Le complice du suicide est punissable.

DROIT CIVIL.

I. Le mariage qu'un Français a contracté à l'étranger est nul lorsqu'il n'a pas été, ainsi que l'exige l'article 170, précédé de publications faites en France.

II. L'article 180 prévoit : 1° l'erreur sur la personne physique ; 2° l'erreur sur la personne civile, c'est-à-dire l'erreur sur les qualités contributives de la personnalité au point de vue du mariage. — Dans l'un et l'autre cas le mariage n'est qu'*annulable*.

III. Les constructions faites par un usufruitier sont régies non point par l'article 509, mais par l'article 555 ; en conséquence, le propriétaire ne peut les conserver qu'à la condition de payer à l'usufruitier ce qu'elles lui ont coûté.

IV. L'héritier qui a été, sur la poursuite d'un créancier, condamné comme héritier pur et simple, n'est pas déchu *erga omnes* de la faculté d'accepter sous bénéfice d'inventaire ou de renoncer. L'article 800 n'est qu'une application de l'article 1351. Le jugement dont il traite n'a d'effet *qu'au regard des parties entre elles.*

V. La révocation d'un testament consignée dans un acte sous seing privé qui ne contient aucun legs, mais qui est écrit en entier, daté et signé de la main du testateur, n'est pas valable.

VI. La dot mobilière n'est pas inaliénable.

VII. L'héritier pour partie qui a payé la part de dette dont il était tenu personnellement ne peut pas purger.

PROCÉDURE CIVILE.

Le possesseur spolié doit, pour réussir dans son action en réintégrande, prouver non-seulement le fait de violence, mais encore la possession annale antérieure.

DROIT COMMERCIAL.

I. L'article 1657 du Code civil est applicable en matière de vente commerciale.

II. Le billet à domicile est par lui-même un acte de commerce.

III. Le propriétaire armateur peut congédier le capitaine sans indemnité, à moins de convention par écrit. — Si le capitaine congédié est copropriétaire du navire, il peut renoncer à la copropriété et exiger le remboursement du capital qui la représente, d'après

une estimation d'experts. — Si le capitaine était copropriétaire du navire pour plus de moitié, il ne pourrait
être congédié.

DROIT ADMINISTRATIF.

Lorsqu'un acte commis par un ecclésiastique est
à la fois constitutif d'un cas d'abus et d'une infraction
à la loi pénale, et qu'au lieu de saisir le Conseil d'État
de l'abus on a tout d'abord saisi l'autorité judiciaire
de la connaissance de l'infraction commise à la loi
pénale, il est permis de poursuivre cet ecclésiastique
devant les tribunaux sans l'avoir déféré préalablement
au Conseil d'État pour abus.

*Vu par le doyen de la Faculté, président
de l'Acte public,*
A. LEPETIT, ✳.

Permis d'imprimer :
Le recteur de l'Académie,
A. CHERUEL, (O. ✳).

Les visas exigés par les règlements sont une garantie des principes et des opinions relatives à la religion, à l'ordre public et aux bonnes mœurs (statut du 9 avril
1825, art. 41), mais non des opinions purement juridiques, dont la responsabilité est
laissée au candidat.
Le candidat répondra en outre aux questions qui lui seront faites sur les autres
matières de l'enseignement.

Poitiers. — Imp. de A. Dupré.

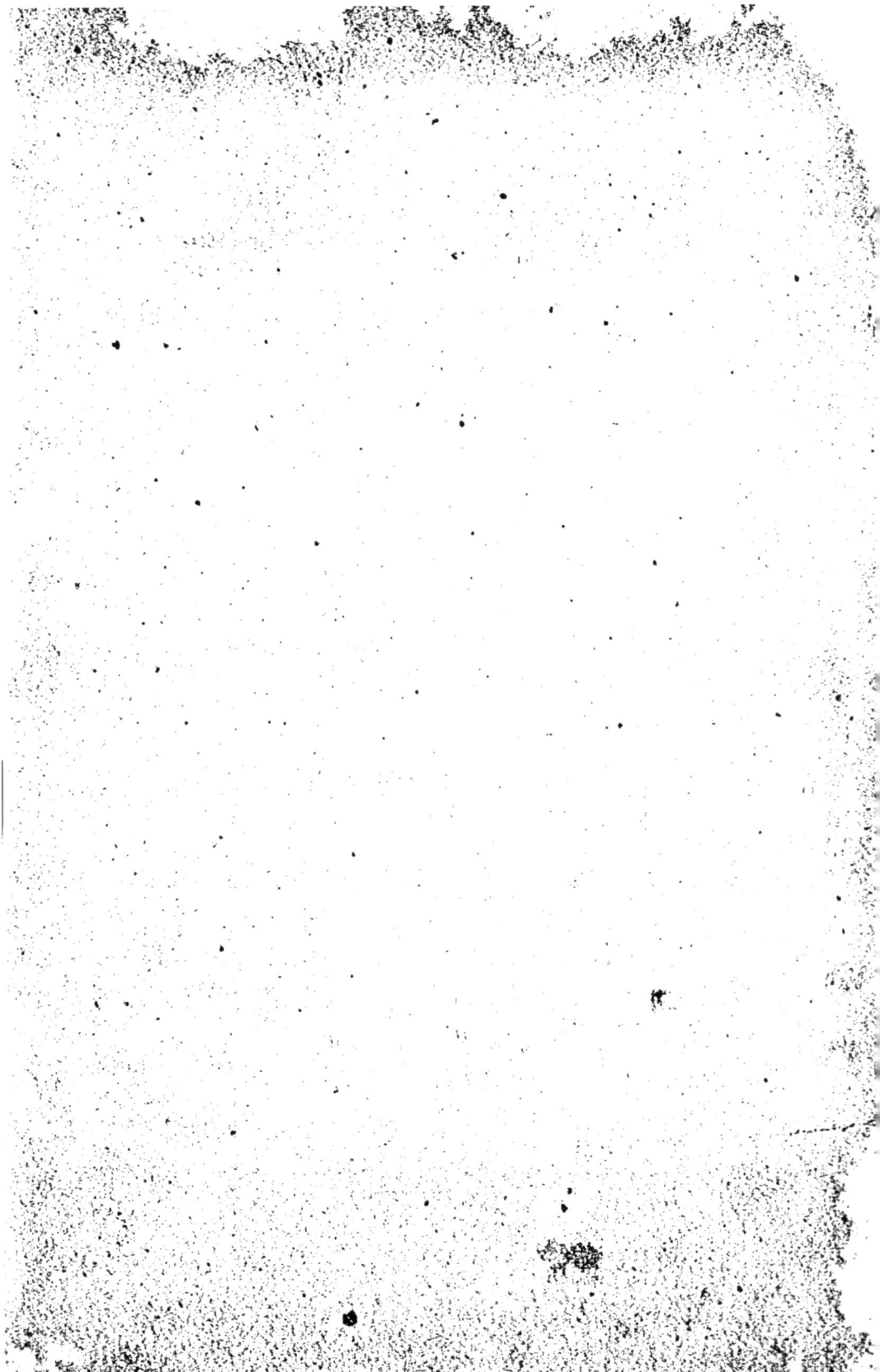

POITIERS — TYP. A. DUPRÉ.

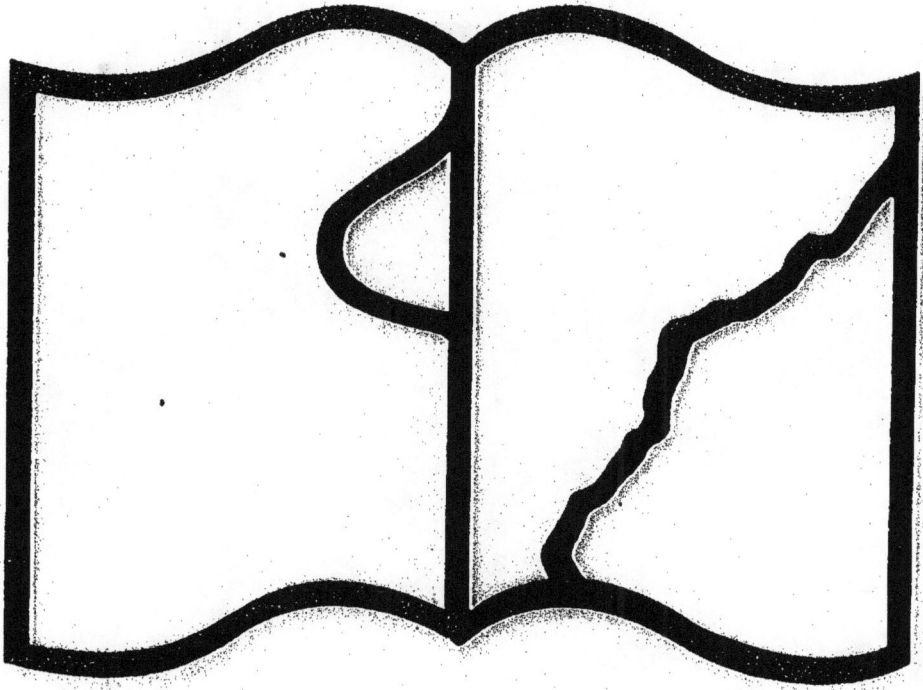

Texte détérioré — reliure défectueuse

NF Z 43-120-11

www.ingramcontent.com/pod-product-compliance
Lightning Source LLC
Chambersburg PA
CBHW070523200326
41519CB00013B/2905